MOZART: DON GIOVANNI

Opera en Dos Actos

ꟹ

Traducción al Español y Comentarios
por E.Enrique Prado

ꟹ

Libreto de Lorenzo da Ponte

Jugum Press

ꟸ

Copyright de la Traducción y Comentarios © 2014 por E. Enrique Prado Alcalá
Derechos de Autor: E. Enrique Prado Alcalá
Todos los derechos reservados.
Segunda edición impresa: Octubre de 2016

ISBN-13: 978-1-939423-65-8
ISBN-10: 1-939423-65-1

Impreso en los Estados Unidos de América
Publicado por Jugum Press
www.jugumpress.com

Max Slevogt: Der Sänger Francisco d'Andrade al Don Giovanni in Mozarts Opera
y Estudio de Composer Wolfgang Amadeus Mozart
de Wikimedia Commons – en.wikipedia.org
(en el dominio público en los Estados Unidos y otros países)

Edición y diseño:
Annie Pearson, Jugum Press
Consultas y correspondencia:
jugumpress@outlook.com

ꟈ

Índice

ꝏ

Prefacio ꝏ Don Giovanni

La primavera y el verano de 1787 están dedicados por Mozart a la composición de la obra encargada por la Ciudad de Praga, la única que le comprendió y amó. El libreto basado en el tema hispánico "El Burlador de Sevilla" de Tirso de Molina, es de nuevo de Lorenzo Da Ponte, y en el logran ambos su más absoluta obra maestra. Como en obras anteriores Mozart interviene activamente en la redacción del libreto, guiado por su infalible instinto teatral

Don Giovanni se estrena con extraordinario éxito el 29 de Octubre de 1787 en el Teatro Nacional de Praga bajo la dirección del propio compositor. Mozart vive de nuevo días, probablemente los últimos, de efervescencia, arropado en el extraordinario calor y admiración de la ciudad bohemia, en el reencuentro con las viejas amistades.

Mozart viaja a Viena, la ciudad imperial en donde su popularidad ha comenzado a declinar.

Una representación del Don Juan en 1788 no obtiene la esperada acogida, pese a que Mozart, tratando de contentar a los cantantes y oyentes ha introducido algunos cambios en la partitura.

El éxito de otros compositores como Salieri, Martin, Soler, Dittersdorf, que escriben una música más fácil y exenta de complicaciones, empaña la popularidad de las obras mozartianas cuya arquitectura musical es mucho más complicada y que muestran una seriedad y un alcance psicológico desconocidos hasta entonces.

Mozart no abdica de sus principios estéticos y crea una música intensamente personal, subjetiva cuya seriedad y modernismo causan extrañeza a los oídos de los vieneses acostumbrados a una dieta musical mucho más ligera e intrascendente.

Traducción y comentarios por:
E. Enrique Prado Alcalá
Tepoztlán, Morelos
Julio de 1998

ꝏ

Sinopsis ꝏ Don Giovanni

Acto I

La acción transcurre en una ciudad de España.

Leporello, el criado de Don Juan se lamenta de lo que tiene que soportar mientras su amo trata de seducir a Doña Ana, haciendo se pasar por Don Octavio, su prometido. Don Juán pretende huir al ser descubierto y ante los gritos de Doña Ana, acude su padre, el Comendador quien desafía al seductor. Se baten y Don Juán lo hiere de muerte. Doña Ana le hace jurar a Don Octavio que ha de vengar la muerte de su padre.

Don Juán se dispón a una nueva aventura pero la mujer a la que encuentra es su antigua seducida, Doña Elvira venida desde Burgos en su busca. Por orden del amo el criado se encarga de explicar a la abandonada las empresas amorosas de su señor según el catálogo que ha confeccionado.

Don Juan invita a un grupo de campesinos, entre los que se en cuentan Zerlina y Masetto que están celebrando su boda, a una fiesta a su palacio con intención de seducir a la campesina. Cuando ésta está a punto de entregarse, irrumpe Doña Elvira que le advierte el peligro que corre. Llegan después Doña Ana y Don Octavio que solicitan de Don Juan su ayuda. Regresa Doña Elvira y ante los insultos que le lanza, Don Juán la hace pasar por loca.

Doña Ana reconoce en Don Juán al asesino de su padre y cuenta a Don Octavio lo ocurrido esa noche.

Se celebra la fiesta en los jardines del palacio de Don Juán a los que acuden enmascarados Doña Ana, Doña Elvira y Don Octavio para poner al descubierto las fechorías del disoluto. Todos bailan y Don Juán intenta nuevamente de seducir a Zerlina pero ésta pide ayuda y se produce el desenmascaramiento. Don Octavio pistola en mano amenaza a Don Juán que presenta a Leporello como culpable, pero ambos sin que se diga de qué modo, consiguen escapar.

Acto II

Don Juán y Leporello discuten en una calle, el criado está dispuesto a dejar a su señor, pero éste lo convence para que siga con él tras ofrecerle dinero. Ahora quiere seducir a la camarera de Doña Elvira pero para ello necesita intercambiarse ropas con su criado. Aparece Doña Elvira cuando empieza a anochecer y Don Juán obliga a Leporello a hacerse pasar por él, burlándose cruelmente de la pobre enamorada. Mientras Don Juán dedica una serenata a la supuesta camarera.

Al frente de unos hombres armados, entra Masetto que persigue a Don Juán, el cual tomado por Leporello se une a ellos. Logra con sus engaños dispersar a los otros y se queda a solas con Masetto al que propina una fuerte paliza. Zerlina acude a socorrer asuma ruido al que le ofrece la medicina de su corazón.

Leporello que sigue fingiendo ser Don Juán con Doña Elvira, es sorprendido por Don Octavio, Doña Ana, Zerlina y Masetto, todos furiosos contra él que descubre su verdadera identidad, y tras implorar piedad consigue escapar. Don Octavio a quien ya no le caben dudas de que el asesino del Comendador es Don Juán decide poner una denuncia. Doña Elvira por su parte cambia sus sentimientos posesivos por los de piedad.

De regreso a sus correrías nocturnas, Don Juán salta la tapia del cementerio donde se encuentra con su criado al que le cuenta su última conquista. Ríe descaradamente y entonces se oye una voz de ultratumba que le pide que deje en paz a los muertos. Es la del Comendador, a cuya estatua, a través de Leporello, invita Don Juán a cenar en su casa. La mesa está preparada, entra Doña Elvira para ro garle que cambie de vida. Don Juán la desprecia una vez más y al marcharse se encuentra con la estatua del Comendador que ha aceptado la invitación y a su vez invita a Don Juán a que se arrepienta de sus malas acciones, Don Juán se niega y es precipitado en los infiernos.

Doña Ana, Doña Elvira, Zerlina, Masetto y Don Octavio acompañados por la justicia aparecen en casa de Don Juán para detenerle y Leporello cuenta entonces lo sucedido. Don Octavio pide una vez más a Doña Ana que se casen pero ésta difiere la boda con el pretexto del luto; Doña Elvira decide retirarse a un convento; Zerlina y Masetto se van a cenar juntos y Leporello en busca de un nuevo amo. Todos entonan la vieja canción moralizante con la que termina la historia del disoluto castigado.

FIN

Reparto ℘ Don Giovanni

EL COMENDADOR – Bajo
DOÑA ANA – Su hija, Soprano
DON OCTAVIO – Su prometido, Tenor
DON JUAN – Un noble, Barítono
LEPORELLO – Su sirviente, Bajo
DOÑA ELVIRA – Dama de Burgos, Soprano
ZERLINA – Una campesina, Soprano
MASETTO – Prometido de Zerlina, Barítono

Época: Siglo XVII
Lugar: Sevilla

Libreto Don Giovanni

Acto I

ESCENA PRIMERA. *Jardín a un lado del palacio del Comendador, a cuyo pie hay bancos de piedra. Es de noche.*

LEPORELLO

Notte e giorno faticar
per chi nulla sa gradir
piova e vento sopportar mangiar male
e mal dormir...
Voglio far il gentiluorno,
e non voglio più servir.
Oh, che caro galantuomo!
Voi star dentro con la bella,
ed io far la sentinella!
Ma mi par... che venga gente,
non mi voglio far sentir.

1. Noche y día fatigarse
para quien nada sabe agradecer
lluvia y viento soportar comer mal
y mal dormir...
Quiero ser un gentilhombre
y no quiero más servir.
¡Oh, qué bueno el caballero!
¡Tú estás dentro con la bella
y yo la hago de centinela!
Pero me parece que viene gente...
no me quiero hacer sentir.

Entra agarrando fuerte por el brazo a Don Juán y él intentando siempre cubrirse.

DOÑA ANA

Non sperar, se non m'uccidi,
ch'io ti lasci fuggir mair...

2. No esperes, a menos que me mates,
que yo te deje huir...

DON JUAN

Donna folle! Indarno gridi:
Chi son io tu non saprai.

3. ¡Mujer loca! En vano gritas:
Quién soy yo tu no sabrás.

LEPORELLO

Che tumulto! ... Oh ciel,
che grid! Il padron in nuovi guai!

(Para si.)

4. ¡Qué tumulto! ... ¡Cielos,
qué gritos! ¡El amo en nuevos apuros!

DOÑA ANA
Gente! ... Servi! Al traditore! ...

5. ¡Gente! ... ¡Criados! ¡Al traidor! ...

DON JUAN
Taci, e trema al mio furore.

6. Calla, y teme mi furor.

DOÑA ANA
Scellerato!

7. ¡Malvado!

DON JUAN
Sconsigliata!
Questa furia disperata mi vuol far precipitar.

8. ¡Insensata!
Esta furia desesperada quiere perderme.

DOÑA ANA
Come furia disperata ti saprò perseguitar.

9. Como furia desesperada te sabré perseguir.

LEPORELLO
Stà a veder che il malandrino
mi farà precipitar.

10. Seguro que el malandrín
me perderá.

EL COMENDADOR
Lasciala indegno!

11. ¡Déjala infame!

Doña Ana oye a su padre y corre hacia la casa.

Battiti meco.

Bátete conmigo.

DON JUAN
Và! Non mi degno di pugnar teco.

12. ¡Vete! No me digno luchar contigo.

EL COMENDADOR
Cosí pretendí da me fuggir?

13. ¿Así pretendes huir de mí?

LEPORELLO
Potessi almeno di qua partir!

14. ¡Si al menos pudiera irme de aquí!

DON JUAN
Misero! Attendi, se vuoi morir.

15. ¡Desdichado! Espera, si quieres morir.

Combaten y Don Juán hiere mortalmente al Comendador.

EL COMENDADOR
Ah, soccorso! ... Son tradito! ...
Llassassino m'ha ferito,
e dal seno palpitante...
sento l'anima partir...

16. ¡Ah, socorro! ... ¡Me han traicionado! ...
El asesino me ha herido,
y del pecho palpitante...
ciento mi alma partir...

DON JUAN
Ah! Già cadde il sciagurato...
Affannosa e agonizzante,
già dal seno palpitante
veggo l'anima partir.

17. ¡Ah! Ya cae el desgraciado...
Angustiada y agonizante,
ya del pecho palpitante
veo el alma que se va.

El Comendador muere.

LEPORELLO
Qual misfatto! Qual eccesso!
Entro il sen, dallo spavento
palpitar il cor mi sento.
Io non sò che far, che dir.

18. ¡Qué fechoría! ¡Qué locura!
Siento palpitar de miedo
el corazón en mi pecho.
No sé qué hacer ni qué decir.

ESCENA SEGUNDA. *Don Juán y Leoprello.*

DON JUAN
Leporello ove sei?

19. ¿Leporello, en donde estás?

LEPORELLO
Son qui, per disgrazia. E voi?

20. Aquí estoy por desgracia. ¿Y vos?

DON JUAN
Son qui.

21. Aquí estoy.

LEPORELLO
Chi é morto, voi, o il vecchio?

22. ¿Quién ha muerto, vos, o el viejo?

DON JUAN
Che domanda da bestia! Il vecchio.

23. ¡Qué pregunta de bestia! El viejo.

LEPORELLO
Bravo! Due imprese leggiadre:
Sforzar la figlia, ed ammazzar il padre.

24. ¡Bravo! Dos hermosos trabajos:
Forzar a la hija y matar al padre.

DON JUAN
L'ha voluto: suo danno.

25. Él lo quiso: peor para él.

LEPORELLO
Ma Donn'Anna cosa ha voluto?

26. ¿Pero que quiso Doña Ana?

DON JUAN
Taci, non mi seccar!
Vien meco se non vuoi qualche
cosa ancor tu.

27. ¡Calla, no me molestes!
Ven conmigo si no quieres
algo tú también.

LEPORELLO
Non vò nulla, signor, non parlo più.

28. No quiero nada, señor, no hablo más.

ESCENA TERCERA. *Don Octavio, Doña Ana y cruadis que llevan varias lámparas.*

DOÑA ANA
Ah! Del padre in periglio in soccorso voliam.

29. ¡Ah! Socorramos a mi padre en peligro.

DON OCTAVIO
Tutto il mio sangue verserò se bisogna.
Ma dov'è il scellerato?

(Espada en mano.)
30. Toda mi sangre derramaré si hace falta.
¿Pero en donde está el malvado?

DOÑA ANA
Ma qual mai s'offre... Oh Dei!
Spettacolo funesto agli occhi miei.
Il padre! ... Padre mio! ...
Mio caro padre!

31. En éste lugar... ¡Oh dioses!
Un espectáculo funesto se ofrece a mis ojos.
¡El padre! ... ¡Padre mío! ...
¡Mi querido padre!

DON OCTAVIO
Signare!

32. ¡Señor!

DOÑA ANA
Ah! L'assassino mel trucidò, quel sangue...
quella piaga quel volto
tino e coperto dei color di morte.
Ei non respira più...
fredde ha le membra...
Padre mio! Caro padre!
Padre amato! ... Io manco... io moro.

33. ¡Ah! El asesino me lo asesinó, ésta sangre...
esta herida ese rostro
manchado y con el color de la muerte.
El no respira más...
tiene fríos los miembros...
¡Padre mío! ¡Querido padre!
¡Padre amado! ... Desfallezco muero...

(Se desmaya.)

DON OCTAVIO
Ah soccorrete, amici, il mio tesoro
Cercatemi, recatemi.
Qualche odor, qualche spirto...
Ah! Non tardate...
Doña Ana! ... Sposa! ... Amica!
Il duolo estremo la meschinella uccide!

34. Ah amigos, auxiliad a mi tesoro
Buscad, traedme.
Alguna esencia algún aroma...
¡Ah! No tarden...
¡Doña Ana! ... ¡Esposa! ... ¡Amiga!
¡El dolor extremo mata a la pobrecilla!

DOÑA ANA
Ahí!

35. ¡Ay!

DON OCTAVIO
Già rinviene datele nuovi aiuti.

36. Ya vuelve en si atendedla de nuevo.

DOÑA ANA
Padre mio!

37. ¡Padre mío!

DON OCTAVIO
Celate, allontanate agli occhi suoi
quell'oggetto d'orrore.

38. Esconded, alejad de sus ojos ese objeto
de horror.

(Se llevan al Comendador.)

Anima mia, consòlati, fà core!

¡Alma mía, consuélate, ten valor!

DOÑA ANA
Fuggi, crudele, fuggi!
Lascia che mora anch'io
Ora che'è morto. Oh Dio!
Chia me la vita diè.

39. ¡Huye cruel, huye!
Deja que muera yo también
Ahora que ha muerto. ¡Oh Dios!
Quién medió la vida.

DON OCTAVIO
Senti, cor mio, deh, senti,
guardami un solo istante:
ti parla il caro amante,
che vive sol per te.

40. Escucha, corazón mío, escucha,
mírame un solo instante:
te habla el querido amante,
que vive solo para ti.

DOÑA ANA
Tu sei… Perdon, mio bene.
L'affanno mio… le pene.
Ah, il padre mio dov'è?

41. Eres tú… Perdón, mi bien.
Mi inquietud… las penas.
¿Ah, donde está mi padre?

DON OCTAVIO
Il padre… lascia o cara,
la rimembranza amara;
hai sposo è padre in me.

42. El padre… oh querida,
el amargo recuerdo;
tienes esposo y padre en mí.

DOÑA ANA
Ah, vendicar se il puoi,
giura quel sangue onor.

43. Ah, jura vengar, si es posible
el honor de su sangre.

DON OCTAVIO
Lo giuro, lo giuro!
Lo giuro agli occhi tuoi,
lo giuro al nostro amor.

44. ¡Lo juro, lo juro!
Se lo juro a tus ojos,
lo juro por nuestro amor.

DOÑA ANA Y DON OCTAVIO

Che giuramento, o Dei!
Che barbare momento!
Tra cento affetti e cento
vammi ondeggiando il cor.

45. ¡Qué juramento, oh dioses!
¡Qué bárbaro momento!
Entre centenares de afectos
duda mi corazón.

Salen.

ESCENA CUARTA. *Una calle. Don Juán y Leporello.*

DON JUAN

Orsú, spicciati presto... Cosa vuoi?

46. Vamos, de prisa... ¿Qué quieres?

LEPORELLO

L'affar di qui sì tratta è importante.

47. Se trata de un asunto importante.

DON JUAN

Lo credo.

48. Lo creo.

LEPORELLO

È importantissimo.

49. Es importantísimo.

DON JUAN

Meglio ancora; finiscila.

50. Mejor aún; acaba.

LEPORELLO

Giurate di non andar in collera.

51. Jurad que no montaras en cólera.

DON JUAN

Lo giuro sul mio onore;
purché non parli del Comendatore.

52. Lo juro por mi honor;
con tal que no hables del Comendador.

LEPORELLO

Siamo soli.

53. Estamos solos.

DON JUAN

Lo vedo.

54. Lo veo.

LEPORELLO

Nessun ci sente...

55. Nadie nos oye...

DON JUAN

Via!

56. ¡Venga!

LEPORELLO

Vi posso dire tutto liberamente...

57. Os puedo decir todo libremente...

DON JUAN
Sì!

58. ¡Si!

LEPORELLO
Dunque, quando è così;
caro signar padrone
la vita che menate è da briccone!

59. ¡Bien, si así es;
querido señor amo
la vida que lleváis es de granuja!

DON JUAN
Temerario! In tal guisa...

60. ¡Atrevido! Ahora verás...

LEPORELLO
E il giuramento...

61. Y el juramento...

DON JUAN
Non so di giuramento. Taci o ch'io.

62. No sé de juramentos. Calla o yo.

LEPORELLO
Non parlo più, non fiato, o padron.

63. No hablo más, no respiro, mi amo.

DON JUAN
Così saremo amici.
Or odi un poco.
Sai tu perché son qui?

64. Así seremos amigos.
Ahora escucha un poco.
¿Sabes por qué estoy aquí?

LEPORELLO
Non ne so nulla.
Ma, essendo l'alba chiara, non sarebbe
qualche nuova conquista?
Io lo devo saper per porla in lista

65. No sé nada.
¿Pero siendo la primera luz del alba no se
tratará de alguna nueva conquista?
Yo lo debo saber para apuntarla en la lista.

DON JUAN
Và là che sei il grand'uom!
Sappi ch'io sono...
innamorato d'una bella dama;
e son certo che m'ama.
La vidi, le parlai; meco al casino
questa notte verrà... zitto mi pare
sentir odor di femmina...

66. ¡Vaya si eres un gran hombre!
Has de saber que estoy...
enamorado de una bella dama;
y estoy seguro de que me ama.
La vi, le hablé; ésta noche irá
conmigo a mi quinta... calla me
parece percibir olor de mujer...

LEPORELLO
Cospetto! Che odorato perfetto!

67. ¡Caramba! ¡Qué perfecto olfato!

DON JUAN
All'aria mi par bella.

68. Por el aire me parece bella.

LEPORELLO
E che occhio dico!

69. ¡Y que buen ojo!

DON JUAN
Ritiriamoci un poco,
e scopriamo terren.

70. Retirémonos un poco,
y vigilemos el terreno.

LEPORELLO
Già prese foco.

71. Ya se va encendiendo.

ESCENA QUINTA. *Don Juán, Leporello y Doña Elvira.*

DOÑA ELVIRA
Ah! Chi quel barbara dov'è,
che per mio scorno amai,
che mi mancò di fé?
Ah! Se ritrovo l'empio,
e a me non torna ancor,
vò farme orrendo scempio,
gli vò cavar il cor.

(Entra con vestiduras de viaje.)
72. ¡Ah! ¿Quién me dirá,
donde está ese bárbaro
que amé para mi vergüenza y me fue infiel?
¡Ah! Si encuentro al impío,
y no regresa a mí,
quiero destrozarlo de manera horrenda,
le arrancaré el corazón.

DON JUAN
Udisti?
Qualche bella dal vago abbandonata.
Poverina!
Cerchiam di consolare il suo tormento.

73. ¿Oíste?
Alguna hermosa abandonada por su galán.
¡Pobrecilla!
Intentemos consolar su tormento.

LEPORELLO
Così ne consolò mille e ottocento.

74. Así ha consolado a mil ochocientas.

DON JUAN
Signorina!

75. ¡Señorita!

DOÑA ELVIRA
Chi è là?

76. ¿Señorita?

DON JUAN
Stelle! Che vedo?

77. ¡Cielos! ¿Qué veo?

LEPORELLO
Oh, bella! Donn'Elvira!

78. ¡Oh bella! ¡Doña Elvira!

DOÑA ELVIRA

Don Giovanni! ...
Sei qui mostro, fellon,
nido nido d'inganni...

79. ¡Don Juán! ...
Estás aquí monstruo, felón,
nido de engaños...

LEPORELLO

Che titoli cruscanti!
Manco male che lo conosce bene.

80. ¡Adecuados títulos!
Menos mal que lo conoce bien.

DON JUAN

Via, cara Donn'Elvira,
calmate quella collera... sentite...
lasciatemi parlar...

81. Vamos, querida Doña Elvira,
calmad esa cólera... oíd...
dejadme hablar...

DOÑA ELVIRA

Cosa puoi dire,
dopo azion sì nera?
In casa mia entri furtivamente.
A forza d'arte di giuramenti e di lusinghe,
arrivicia, a sedurre il cor mio.
M'innamori, o crudele,
mi dichiari tua sposa.
E poi mancando della terra e
del cielo at santo dritto.
Con enorme delitto,
dopo tre dì da Burgos, t'allontani
m'abbandoni, mi fuggi, e lasci in preda
al rimorso ed al pianto per
pena forse che t'amai cotanto.

82. Qué puedes decir,
tras acción tan negra.
Entras en mi casa furtivamente.
Con argucias, juramentos y lisonjas
consigues seducir mi corazón.
Me enamoras, cruel,
me declaras tu esposa.
Y luego infringiendo la santa ley
de la tierra y del cielo.
Con enorme delito,
después de tres días te alejas de Burgos,
me abandonas, huyes de mí y me dejas presa
de remordimiento y de las lágrimas, quizás
como castigo por haberte amado tanto.

LEPORELLO

Pare un libro stampato.

83. Parece un libro abierto.

DON JUAN

Oh, in quanto aquesto ebbi le mie ragioni.

È vero?

84. Oh, respecto a eso tuve mis razones.
(A Leporello.)
¿No es cierto?

LEPORELLO

È vero.
E che ragioni forti!

85. Es cierto.
¡Y qué poderosas razones!

DOÑA ELVIRA
E quali sono, se non la tua perfidia
la leggerezza tua? Ma il giusto
cielo volle ch'io ti trovassi
per far le sue, le mie vendette.

86. ¿Y cuáles son, sino tu perfidia
tu liviandad? Pero el justo
cielo ha querido que te encuentre
para cumplir, su venganza y la mía.

DON JUAN
Eh, via siate più ragionevole...
Mi pone a cimento costei.
Se non credete al labbro mio,
credete aquesto galantuomo.

87. Eh, vamos, sed más razonable...
Esta pone mi paciencia a prueba.
Si no creéis a mis labios,
creed a éste caballero.

LEPORELLO
Salvo il vero.

88. Excepto la verdad.

DON JUAN
Via, dille un poco...

89. Vamos, háblale un poco...

LEPORELLO
E cosa devo dirle?

90. ¿Y qué debo decirle?

DON JUAN
Sì, sì, dille pur tutto.

91. Si, si, díselo todo.

DOÑA ELVIRA
Ebben, fa presto.

92. Bien, comienza.

LEPORELLO
Madama, veramente in questo mondo
con ciossia cosa quando fosse che
il quadro non é tondo...

93. Señora, en realidad en este mundo
debido a que es dado por sentado
que el cuadrado no es redondo...

DOÑA ELVIRA
Sciagurato!
Così del mio dolor gioco ti prendi?

94. ¡Ruin!
¿Así juegas con mi dolor?

A voi!

(A Don Juán al gue cree aun presente.)
¡Ah vos!

Stelle! L'iniquo fuggì, misera me! ...
Dove? In qual parte...

(No viéndolo.)
¡Cielos! ¡El inicuo huye, desdichada de mí! ...
¿Donde? En qué parte...

LEPORELLO
Eh, lasciate ch'ei vada.
Egli non merta che di luí ci pensiate...

95. Dejad que se vaya.
No merece que penséis en él...

DOÑA ELVIRA
Il scellerato m'ingannò, mi tradì...

96. El malvado me engañó, me traicionó...

LEPORELLO
Eh! consolatevi:
Non siete voi, non foste e non
sarete né la prima ne l'ultima
Guardate questo non picciol libro
è tutto pieno dei nomi di sue belle.
Ogni villa, ogni borgo, ogni paese
è testimon di sue donnesche imprese.

Madamina, il catalogo è questo
delle belle che amò il padron mio;
un catalogo egli è che ho fatti io
osservate, leggete con me.
In Italia seicento e quaranta
in Almagna duecento è trent'na
Cento in Francia, in Turchia novantuna,
ma in Ispagna son già mille e tre.
V'han fra queste contadine
cameriere, cittadine
v'han contesse, baronesse,
marchesane, principesse,
e v'han donne d'ogni grado,
d'ogni forma, d'ogni età.
Nella bionda egli ha l'usanza
di lodar la gentilezza
nella bruna la costanza;
nella bianca, la docezza
Vuol d'inverno la grassotta,
vuol d'estate la magrotta
è la grande maestosa,
la piccina è ognor vezzosa.
Delle vecchie fa conquista
pel piacer di porle in lista
Ma passion predominante
è la giovin principiante.
Non sì picca se sia ricca,
se sia brutta, se sia bella;
purché porti la gonnella,
voi sapete quel che fa!

97. ¡Eh, consolaos!
No sois ni fuisteis, ni seréis
la primera ni la última
Este libro nada pequeño está
lleno con los nombres de sus amantes.
Cada villa, cada pueblo, cada ciudad
testigo de sus andanzas de mujeriego.

Señorita, éste es el catálogo de
las bellas que amó mi patrón;
un catálogo que yo le he hecho
observad, leed conmigo.
En Italia seiscientos cuarenta
en Alemania doscientos treintena,
cien en Francia, en Turquía noventa y una,
pero en España son ya mil tres.
Entre ellas hay campesinas
camareras, ciudadanas
hay condesas, baronesas,
marquesas, princesas,
y hay mujeres de todas clases
de todas formas y edades.
De la rubia acostumbra
elogiar la gentileza
de la morena, la constancia
de la blanca la dulzura
En invierno prefiere a la gorda
en verano a la delgadita
la corpulenta es majestuosa,
la pequeña es siempre linda.
Conquista a las viejas
por el placer de ponerlas en la lista.
Pero su pasión predominante
es la joven principiante.
¡No mira si es rica,
si es fea, si es hermosa
con tal que lleve faldas,
vos sabéis lo que hace!

ESCENA SEIS. *Doña Elvira sola.*

DOÑA ELVIRA
In questa forma dunque
mi tradì il scellerato?
È questo, il premio che quel barbaro
rende all'amor mio!
Ah, vendicar vogl'io l'ingannato mio cor!
Pria ch'ei mi fugga, so ricorra... si vada...
Io sento in petto sol vendetat parlar,
rabbia e dispetto.

98. ¿De esta forma entonces
me traiciona el infame?
¿Y este es el, premio con que ese barbare
compensa mi amor?
Ah, quiero vengar a mi engañado corazón
antes de que se me escape ... Se vaya, huya ...
En mi interior solo siento hablar a la
venganza, la rabia y el despecho.

ESCENA SEPTIMA. *Lugar vecino al palacio de Don Juán.*
Zerlina, Masetto, campesinos y campesinas.

ZERLINA
Giovinette che fate all'amore,
non lasciati che passi l'età
se nel seno vi bulica il core,
il rimedio vedetelo qua.
Ah, ah, ah, ah, ah, ah!
Che piacer, che piacer, che sarà!

99. Jovencitas que os entregáis al amor,
no dejéis que pase la edad
si en el pecho se os inflama el corazón,
ved la solución aquí.
¡Ja, ja, ja, ja, ja, ja!
¡Qué placer, qué placer, qué será!

CAMPESINAS
Ah, ah, ah, ah, ah, ah!
Che piacer, che piacer, che sarà!

100. ¡Ja, ja, ja, ja, ja, ja!
¡Qué placer, qué placer, qué será!

MASETTO
Giovinotti leggeri di testa
non andate girando do qua e là;
poco dura dé matti la festa,
ma per me cominciato non ha.
Ah, ah, ah, ah, ah!
Che pacer, che piacer, che sarà.

101. Jovencitos ligeros de cascos
no anden dando tumbos de aquí para allá; la
fiesta de locos poco dura,
pero para mí no ha comenzado.
¡Ja, ja, ja, ja, ja, ja!
¡Qué placer, qué placer, qué será!

CAMPESINAS
Ah, ah, ah, ah, ah, ah!
Che piacer, che piacer, che sarà!
La la la lera, la la la lerà.

102. ¡Ja, ja, ja, ja, ja, ja!
¡Qué placer, qué placer, qué será!
La la la lerá, la la la lerá.

ZERLINA Y MASETTO
Vieni, vieni carino, godiamo
e cantiamo e balliamo e suoniamo
Vieni, vieni carino, godiamo,
Che piacer, che piacer, che sarà!

103. Ven, ven querido, gocemos
y cantemos y bailemos y toquemos.
Ven, ven querido, gocemos,
¡Qué placer, qué placer, qué será!

CAMPESINOS Y CAMPESINAS
Ah, ah, ah, ah, ah, ah!
Che piacer, che piacer, che sarà!
La la la lerà, la la la lerà!
La la la la la la la lerà!

104. ¡Ja, ja, ja, ja, ja, ja!
¡Qué placer, qué placer, qué será!
¡La la la lerá, la la la lerá!
¡La la la la la la la la lerá!

ESCENA OCTAVA. *Zerlina, Masetto, campesinos, campesinas, Don Juán, Leporello.*

DON JUAN
Manco, male, è partita.

105. Menos, mal, que se ha ido.

Oh, guarda, guarda, che bella gioventú,
che belle donne!

(A Leporella.)
¡Oh, mira, mira, qué hermosa juventud,
que bellas mujeres!

LEPORELLO
Tra tante, per mia fé
visarà qualche cosa anche per me.

106. A fe mía que entre tantas
también habrá algo para mí.

DON JUAN
Cari amici, buongiorno,
seguitate a stare allegramente,
seguitate a suonar, o buona gente.
C'è qualche sposalizio?

107. Queridos amigos, buenos días seguid,
estando alegres,
seguid tocando, buena gente.
¿Celebráis una boda?

ZERLINA
Sì, signore;
e la sposa son io.

108. Si señor;
y la esposa soy yo.

DON JUAN
Me ne consolo lo sposo?

109. ¿Mí enhorabuena y el novio?

MASETTO
Io, per servirla.

110. Yo, para servirle.

DON JUAN
Oh, bravo! per servirmi;
questo è vero parlar da galant'uomo!

111. ¡Qué bien! ¡Para servirme,
esto es hablar como caballero!

LEPORELLO
Basta che sia marito!

112. ¡Con que sea un marido!

ZERLINA
Oh, il mio Masetto
è un uom d'ottimo core.

113. Oh, mi Masetto
es un hombre de óptimo corazón.

DON JUAN
Oh, anch'io, vedete!
Voglio che siamo amici.
Il vostro nome?

114. ¡Oh, fijaos, yo también!
Quiero que seamos amigos.
¿Cuáles vuestro nombre?

ZERLINA
Zerlina.

115. Zerlina.

DON JUAN
E il tuo?

116. ¿Y el tuyo?

MASETTO
Masetto.

117. Masetto.

DON JUAN
Oh, caro il mio Masetto!
Cara la mia Zerlina.
V'esibisco la mia protezione.

Leporello! Cosa fai li'birbone?

118. ¡Oh, mí querido Masetto!
Mi querido Zerlina.
Os ofrezco mi protección.

(A Leporello.)
¡Leporello! ¿Qué haces pícaro?

LEPORELLO
Anch'io, caro padrone, esibisco lamia protezione.

119. Querido amo, yo también ofrezco mi protección.

DON JUAN
Presto, vá con costor,
nel mio palazzo,
conducili sul fato.
Ordina ch'abbiano cioccolatte,
caffè vini presciutti.
Cerca di divertir tutti;
mostra loro il giardino,
la galleria, le camere; in effetto,
fá que resti contento il mio Masetto.
Hai capito?

120. De prisa, ve con ellos,
condúcelos a mi palacio,
de inmediato.
Ordena que les sirvan chocolate,
café, vinos jamón.
Procura que todos se diviertan;
muéstrales el jardín,
la galería, las habitaciones; en fin,
haz que mi Masetto quede contento.
¿Has comprendido?

LEPORELLO
Ho capito. Andiam.

121. He comprendido. Vamos.

MASETTO
Signore...

122. Señor...

DON JUAN
Cosa c'è?

123. ¿Qué pasa?

MASETTO
La Zerlina senza me non può star.

124. Zerlina no puede estar sin mí.

LEPORELLO
In vostro loco ci sarà sua Eccellenza,
e saprà bene fare le vostre parti.

125. Vuestro lugar lo ocupará su Excelencia,
y sabrá hacer bien vuestra parte.

DON JUAN
Oh, la Zerlina
è in man d'un cavalier.
Va pur fra poco ella meco verrà.

126. Oh, Zerlina
está en manos de un caballero.
Vete, pues dentro de poco ella irá conmigo.

ZERLINA
Vá, non temere
nelle mani son io d'un cavaliere.

127. Ve, no temas
quedo a cargo de un caballero.

MASETTO
E per questo?

128. ¿Y qué?

ZERLINA
E per questo non c'è da dubitar...

129. Que no hay por qué dudar...

MASETTO
Ed io, cospetto...

130. Y yo, caramba...

DON JUAN
Olà, finiam le dispute; se subito
senz'altro replicar, non te ne vai.

131. Ola, acabemos la disputa, si no te marchas
rápidamente sin replicar más.

(Mostrándole la espada.)

Massetto, guarda ben, ti pentirai.

Masetto, fíjate bien, te arrepentirás.

MASETTO

Ho capito, signor sì!
Chino il capo è me nevò
giacché piace a voi così
altre repliche non fo.
Cavalier voi siete già dubbitar non posso
affé, me lo dice la bontà
che volete aver per me.

132. ¡He comprendido, si señor!
Inclino la cabeza y me voy puesto
que lo queréis así
no tengo nada que replicar.
Vos sois un caballero a fe mía no puedo
dudar, me lo dice la bondad
qué queréis tener conmigo.

Bricconaccia, malandrina
fosti ognor, la mia ruina.

(A Zerlina.)
Bribona, malandrina
siempre fuiste, mi ruina.

Vengo, vengo!

(A Leporello que quiere llevarlo consigo.)
¡Voy, voy!

Resta, resta!
È una cosa molto onesta faccia il nostro
cavaliere cavaliera ancora te.

(A Zerlina.)
¡Quédate, quédate!
Es una cosa muy honesta que nuestro
caballero te haga caballera también.

Leporello se vá con Masetto y con los otros campesinos.

ESCENA NOVENA. *Don Juán y Zerlina.*

DON JUAN

Alfin siamo liberati Zerlinetta gentil,
da quel scioccone.
Che ne dite, mio ben,
so far pulito?

133. Por fin nos hemos librado Zerlineta gentil,
de ese mentecato.
¿Qué opinas mí bien,
se actuar correctamente?

ZERLINA

Signore, é mio marito...

134. Señor, es mi marido...

DON JUAN

Chi! Colui?
Vi par che un onest'uom
un nobil cavalier, qual io mi vanto
possa soffrir che quel vissetto
d'oro quel viso inzuccherato,
da un bifolcaccio vil sia strapazzato?

135. ¿Quién? ¿Ese?
¿Os parece que es un hombre honesto,
un noble caballero, como me glorió
de ser puede sufrir que esa carita de oro,
ese rostro azucarado,
sea ajado por un vil labrado rucho?

ZERLINA

Ma, signor,
io gli diedi parola di sposarlo.

136. Pero, señor,
yo le he dado palabra de casamiento.

DON JUAN

Tal parola non vale un zero.
Voi non siete fatta per esser paesana;
un altra sorte vi procuran quegli occhi
bricconceli, quei labbretti sì belli,
quelle ditucce candide e odorose,
parmi toccar giuncata e fiutar rose.

137. Tal palabra no vale un cero.
Vos no estáis hecha para ser una pueblerina;
se merecen otra suerte esos ojos picármelos,
esos labiecitos tan bellos,
esos deditos blancos y fragantes,
me parece tocar cuajada y oler rosas.

ZERLINA

Ah... non vorrei...

138. Ah... no quisiera...

DON JUAN

Che non vorresti?

139. ¿Qué no quisieras?

ZERLINA

Al fine ingannata restar.
Io so che rado colle donne
voi altri cavalieri siete onesti e sinceri.

140. Finalmente terminar engañada.
Yo sé que los caballeros raramente
son honestos y sinceros con las damas.

DON JUAN

Eh, un impostura della gente plebea!
La nobilità ha dipinta negli
occhi l'onestà.
Orsu, non perdiam tempo;
in questo'istante io ti voglio sposar.

141. ¡Bah, una mentira de la gente plebeya!
La nobleza tiene pintada
la honestidad en los ojos.
Vamos, no perdamos tiempo;
ahora mismo quiero casarme con vos.

ZERLINA

Voi?

142. ¿Vos?

DON JUAN

Certo, io quel casinetto è mio;
soli saremo e là gioiello mio, ci sposaremo.
Là ci darem la mano, là mi dirai di sì.
Vedi, non è lontano,
partiam ben mio di qui.

143. Yo, si ese pabelloncito es mío;
estaremos solos y allí mi joyita nos casaremos.
Allí nos daremos la mano, allí me darás el sí.
Ves, no está lejos,
partamos bien mío de aquí.

ZERLINA

Vorrei, e non vorrei mi trema un poco
il cor felice è ver sarei;
ma può burlarmi ancor.

(Para si.)

144. Quisiera y no quisiera me tiembla un poco
el corazón es verdad que sería feliz;
pero aún puede burlarse de mí.

DON JUAN

Vieni, mio bel diletto!

145. ¡Ven, mi dulce deleite!

ZERLINA
Mi fà pietà Masetto.

146. Me da pena Masetto.

DON JUAN
Io cangerò tua sorte.

147. Yo cambiaré tu suerte.

ZERLINA
Presto, non son più forte!

148. ¡Pronto, no soy tan fuerte!

DON JUAN
Andiam, andiam!

149. ¡Vamos, vamos!

ZERLINA
Andiam!

150. ¡Vamos!

ZERLINA Y DON JUAN
Andiam, andiam, mio bene.
A ristorar le pene d'un innocente amor!

151. Vamos, vamos bien mío.
¡A consolar las penas de un inocente amor!

Se dirigen abrazados hacia el pabellón de Don Juán.

ESCENA DECIMA. *Don Juán, Zerlina y Doña Elvira.*

DOÑA ELVIRA
Férmati scellerato!
Il ciel mi fece udir le tue perfidie.
Io sono a tempo di salvar questa misera
innocente dal tuo barbaro artiglio.

152. ¡Detente malvado!
El cielo me hizo oír tus perfidias.
He llegado a tiempo de salvar a ésta pobre
inocente de tu garra feroz.

ZERLINA
Meschina, cosa sento!

153. ¡Desventurada, qué escucho!

DON JUAN
Amor, consiglio!

154. ¡Amor, aconséjame!

Idol mio, non vedete ch'io voglio divertirmi?

(A Doña Elvira)
¿Ídolo mío, no ves que quiero divertirme?

DOÑA ELVIRA
Divertirti, è vero, divertirti!
Io so crudele, come tu ti diverti...

155. ¡Divertirte, es verdad, divertirte!
Cruel, yo sé cómo tú te diviertes...

ZERLINA
Ma, signor cavaliere,
è ver quel ch'ella dice?

156. ¿Pero, señor caballero,
es verdad lo que ella dice?

DON JUAN

La povera infelice è di me innamorata
è per pietà degg'io fingere amore, ch'io son,
per mia disgrazia uom di buon core.

157. La pobre infeliz está enamorada de mí
y por piedad debo fingirle amor, soy para
mi desgracia hombre de buen corazón.

DOÑA ELVIRA

Ah, fuggi il traditor, non lo lasciar più dir,
il labro è mentitor, fallace il ciglio.
Dà miei tormenti impara a creder a quel cor
e nasca il tuo timor dal mio periglio.

158. Huye del traidor, no le permitas hablar,
mas es de labio mentiroso, y de falaz mirada.
Aprende de mi tormento a no creer en ese
corazón y que de mi dolor nazca tu temor.

Sale, llevándose a Zerlina.

ESCENA UNDECIMA. *Don Juán, Doña Ana y Don Octavio.*

DON JUAN

Mi par ch'oggi il demonio sì diverta,
d'opporsi a'miei piacevoli progresi;
vanno mal tutti quanti.

159. Creo que hoy el demonio se divierte,
oponiéndose a mis proyectos de placer;
todos me salen mal.

DON OCTAVIO

Ah! Ch'ora idolo mio, son vani i pianti;
de vendetta sì parli... Oh Don Giovanni!

(A Doña Ana.)
160. ¡Ah! Ídolo mío, ahora sobran los llantos;
hablemos de venganza... ¡Oh Don Juán!

DON JUAN

Mancava questo inver!

161. ¡Justo lo que faltaba!

DOÑA ANA

Amico, a tempo vi ritroviam;
avete core, avete? Anima generosa?

(A Don Juán.)
162. ¿Amigo, a tiempo os encontramos;
tenéis corazón? ¿Alma generosa?

DON JUAN

Stà a vedere che il diavolo
le ha detto qualche cosa.
Che domanda! Perché?

163. Veremos si el diablo
le ha dicho algo.
¡Qué pregunta! ¿Por qué?

DOÑA ANA

Bisogno abbiamo della vostra amicizia.

164. Necesitamos de vuestra amistad.

DON JUAN
Mi torna il fiato in corpo.

165. Me vuelve el alma al cuerpo.

Comanda nel I congiunti,
i parenti questa man, questo ferro,
il beni il sangue, spenderò per servivi.
Ma voi, bella Donna Ana
perché così piangete?
Il crudele chi fù che osò la calma turbar
del viver vostro?

(A Doña Ana con entusiasmo.)
Pedid mis allegados,
mis parientes ésta mano, ésta espada,
fortuna mi sangre, emplearé en serviros.
¿Pero vos, hermosa Doña Ana
porqué lloráis así?
¿Quién fue el cruel que osó turbar
la calma de vuestra vida?

ESCENA DECIMASEGUNDA. *Don Juán, Doña Ana, Don Octavio, Doña Elvira.*

DOÑA ELVIRA
Ah, ti ritrovo ancor, perfido mostro!

(A Don Juán.)
166. ¡Ah, nuevo te encuentro pérfido monstruo!

Non ti fidar, oh misera,
di quel ribaldo cor. Ma già tradì,
quel barbaro te vuol tradir ancor.

(A Don Ana.)
No te fíes desdichada,
de ese miserable corazón. Ese bárbaro ya
me traicionó ahora pretende traicionarte.

DOÑA ANA Y DON OCTAVIO
Cieli, che aspetto nobile!
Che dolce maestà! Il suo dolor,
le lagrime, m'empiono di pietà.

167. ¡Cielos, qué aspecto noble!
¡Qué dulce majestad! Su dolor,
las lágrimas, me llenan de misericordia.

DON JUAN
La povera ragazza è pazza amici miei;
lasciatemi con lei, forse sì calmerà.

168. La pobre muchacha está loca, amigos míos;
dejadme con ella, quizás se calmará.

DOÑA ELVIRA
Ah, non credete al perfido.

(A Don Ana y Don Octavio.)
169. Ah, no creáis al pérfido.

DON JUAN
È pazza, non badate...

170. Está loca, no os preocupéis...

DOÑA ANA Y DON OCTAVIO
Certo moto d'ignoto
tormento dentro l'alma girare mi sento.
Che mi dice per quella infelice
cento cose che intender non sa.

171. Siento que un impulso de ignoto
tormento da vueltas en mi alma.
Que me dice de esa infeliz
cien cosas sin que sepa comprenderlas.

DOÑA ELVIRA Sdegno, rabbia, dispetto, spavento dentro l'alma girare mi sento, che mi dice di quel traditore cento cose che intender non sa.	172. Siento ira, rabia, despecho, miedo dando vueltas en mi alma, dicción dome de ese traidor cien cosas que no sé comprender.
DON OCTAVIO Io di qua non vado vía, se non so com'è l'affar.	173. No me voy de aquí, sin saber qué ocurre.
DOÑA ANA Non ha l'aria di pazzia il suo tratto, il suo parlar.	174. No tiene aire de locura ni sus gestos, ni su hablar.
DON JUAN Se men vado sì potria qualche cosa sospettar.	175. Si me marcho podrían sospechar algo.
DOÑA ELVIRA Da quel ceffo sì dovria la ner'alma giudicar.	176. Por su rostro se debería suponer su negra alma.
DON OCTAVIO Dunque, quella...	*(A Don Juán.)* 177. En fin, ella...
DON JUAN È pazzarella.	178. Está loquita.
DOÑA ANA Dunque quegli...	*(A Doña Elvira.)* En fin él...
DOÑA ELVIRA È un traditore.	179. Es un traidor.
DON JUAN Infelice!	180. ¡Infeliz!
DOÑA ELVIRA Mentitore!	181. ¡Embustero!
DOÑA ANA Y DON OCTAVIO Incomincio a dubitar.	182. Comienzo a dudar.
DON JUAN Zitto, zitto, che la gente sì raduna a noi d'intorno, siate un poco più prudente vi farete criticar.	*(A Doña Elvira.)* 183. Silencio, silencio, que la gente se congrega en torno nuestro, sed un poco más prudente os haréis criticar.

DOÑA ELVIRA

Non sperarlo, o scellerato;
ho perduto la prudenza.
Le tue colpe edil mio stato
voglio a tutti palesar.

184. No lo esperes canalla;
he perdido la prudencia.
Tus bajas acciones y mi situación;
quiero revelar a todos.

DOÑA ANA Y DON OCTAVIO

Quegli acceti sì sommessi,
quel cangiarsi di colore
son indizi troppo espressi
che mi fan determinar.

185. Esa voz insegura,
ese mudar de color
son indicios muy expresivos
que me hacen determinar.

(Parte Doña Elvira.)

DON JUAN

Povera sventurata! I passi suoi voglio seguir;
non voglio che faccia un percipizio.
Perdonate bellisima Donna Anna
se servivi poss'io, in mia casa v'aspetto.
Amici addio!

186. ¡Pobre desventurada! Seguiré sus pasos,
no quiero que haga un disparate.
Perdonad, bellísima Doña Ana
si puedo serviros, os espero en mi casa.
¡Adiós amigos!

ESCENA DECIMOTERCERA. *Doña Ana y Don Octavio.*

DOÑA ANA

Don Ottavio... son morta!

187. ¡Don Octavio... me muero!

DON OCTAVIO

Cosa è stato?

188. ¿Qué sucede?

DOÑA ANA

Per pietà, soccorretemi!

189. ¡Por piedad, socorredme!

DON OCTAVIO

Mio bene, fate coraggio!

190. ¡Bien mío, tened valor!

DOÑA ANA

Oh, Dei! Quegli è il carnefice del padre mio.

191. ¡Oh dioses! Ese es el verdugo del padre mío.

DON OCTAVIO

Che dite?

192. ¿Qué dices?

DOÑA ANA
Non dubitati più; gli ultimi accenti
che l'empio proferì,
tutta la voce richiamar nel cor
mio di quell'indegno que nel mio
appartamento...

193. No lo dudéis, las últimas palabras
que el impío profirió,
la voz toda reconozco en mi corazón
como la de aquel indigno
que en mi estancia...

DON OCTAVIO
Oh ciel, possibile...
che sotto il sacro manto d'amicizia...
Ma come fu, narratemi,
lo strano avvenimento.

194. Oh cielos, es posible...
que bajo el sagrado manto de la amistad...
Pero contadme, cómo fue,
el extraño suceso.

DOÑA ANA
Era già alquanto avanzata la notte,
quando, nelle mie stanze, ove soletta
mi trovai per sventura, entrar io vidi,
in un mantello avvolto,
un uom che al primo istante
avea preso per voi;
ma riconobbi poi
che un inganno era il mio...

195. Ya estaba un poco avanzada la noche,
cuando vi entrar en mis aposentos
donde por desgracia me hallaba sola,
un hombre envuelto
en una capa, a quién en un primer
momento tomé por vos;
pero enseguida descubriría
que estaba engañada...

DON OCTAVIO
Stelle! ... Seguite...

196. ¡Cielos! ... Sigue...

DOÑA ANA
Tacito a me s'appressa,
e mi vole abbracciar;
sciogliermi cerco, ei più mi stringe,
io grido; non viene alcun. Con una mano
cerca d'impedire la voce, e coll'altra m'afferra.
Stretta così, che già mi credo vinta.

197. Se aproxima a mí en silencio,
y pretende abrazarme;
yo intento desasirme, y me estrecha más;
grito; nadie viene. Con una mano quiere
callar mi voz y con la otra me aferra.
Me aprieta tanto que ya me creo vencida.

DON OCTAVIO
Perfido! E alfin?

198. ¡Pérfido! ¿Y finalmente?

DOÑA ANA
Alfin, il duol,
l'orror dell'infame attentato
accrebbe sì la lena mia
che a forza di svincolarmi,
torcermi e piegarmi, da lui mi sciolsi.

199. Finalmente, el dolor,
el horror del infame atentado
acrecentó de tal modo mi ahínco
que a fuerza de ofrecer resistencia,
retorcerme y doblarme me zafé de él.

DON OCTAVIO

Ohimé! Respiro.

200. ¡Ah! Respiro.

DOÑA ANA

Allora,
rinforzo i stridi miei chiamo soccorso
fugge il fellon. Arditamente
ileguo fin nella strada per fermarlo
e sono assalitrice d'assalita!
Il padre v'accorre, vuol conoscerlo,
e l'indegno che del povero
vecchio era più forte compiè
il misfatto suo col dargli morte.

201. Entonces,
redoblo mis gritos pido auxilio
huye el felón. ¡Animosamente
los sigo, hasta la calle para detenerlo
y paso de asaltada a asaltante!
Mi padre acude, quiere des cubrirlo
y el indigno más fuerte
que el pobre viejo culmina
su fechoría dándole muerte.

Or sai chi l'onore rapire a me volse
chi fu il traditore
che il padre mi tolse.
Vendetta ti chieggio; la chiede il tuo cor.

Ahora sabes quién el honor quiso
arrebatarme quién fue el traidor
que me privó de mi padre.
Venganza te pido la pide tu corazón.

Rammenta la piaga del misero seno
rimira di sangue coperto il terreno
se l'ira in te langue d'un giusto furor.

Recuerda la llaga del desventurado seno
rememora el suelo cubierto de sangre
si languidece en ti la ira de un justo furo.

Sale.

ESCENA DECIMOCUARTA. *Don Octavio solo.*

DON OCTAVIO

Come mai creder deggio di sí nero delitto
capace un cavaliero!
Ah, di scoprire
il vero ogni mezzo si cerchi!
Io sento in petto e di sposo
e d'amico il dover che mi parla;
disingannarla voglio, o vendicarla.

202. ¡No es posible creer a un caballero
capaz de tan negro delito!
¡Ah, habrá que buscar
la verdad a toda costa!
Siento que el deber de esposo
y el de amigo hablan en mi pecho;
quiero desengañarla o vengarla.

Dalla sua pace lamia dipende
quel che a lei piace vita mi rende
quel che le incresce morte mi dà.
S'ella sospira sospiro anch'io
e mia quell'ira quel pianto
e mio e non ho bene s'ella non l'ha.

De su paz lamia depende
lo que a ella le gusta me da vida
lo que la apena me da muerte.
Si ella suspira también yo suspiro
su ira es mía su llanto es mío
y no tengo bien si ella no lo tiene.

Parte.

ESCENA DECIMOQUINTA. *Leporello, Doña Ana.*

LEPORELLO

Io deggio ad ogni patto per sempre
abbandonar questo bel matto...

Eccolo qui, guardate
con qual indifferenza se ne viene.

203. De una vez por todas debo
abandonar para siempre a éste gran loco...

(Entra Don Juán.)
Aquí está mirad
con qué indiferencia llega.

DON JUAN

Oh, Leporello mio, va tutto bene!

204. ¡Oh, Leporello, todo va bien!

LEPORELLO

Don Giovannino mio, va tutto male.

205. Don Juanito mío, todo va mal.

DON JUAN

Come, va tutto male?

206. ¿Cómo, que todo va mal?

LEPORELLO

Vado a casa, come voi m'ordinaste,
con tutta quella gente.

207. Voy a casa, como vos me ordenasteis,
con toda aquella gente.

DON JUAN

Bravo!

208. ¡Bravo!

LEPORELLO

A forza di chiacchiere, di vezzi e di bugie
ch'ho imparato sì bene a star con voi,
cerco d'intrattenerli...

209. A base de charla, melindres y embustes bene
que tan bien he aprendido junto a vos,
intento entretenerlos...

DON JUAN

Bravo!

210. ¡Bravo!

LEPORELLO

Dico mille cose a Masetto per placarlo,
per trargli dal pensier la gelosia...

211. Digo mil cosas a Masetto para aplacarlo,
para quitarle los celos del pensamiento...

DON JUAN

Bravo, in coscienza mia!

212. ¡Bravo, en verdad!

LEPORELLO
Faccio che bevano e gli uomini
e le donne son già mezzi ubriachi,
altri canta, altri scherza, altri seguita a ber...
in sul più bello chi credete che capiti?

213. ¿Les hago beber y ya hombres y mujeres
están medio ebrios una cantan,
otros bromean otros continúan bebiendo...
en el mejor momento quién creéis que se
dejó caer?

DON JUAN
Zerlina.

214. Zerlina.

LEPORELLO
Bravo! E con lei chi vienne?

215. ¡Bien! ¿Y quién vino con ella?

DON JUAN
Donn'Elvira.

216. Doña Elvira.

LEPORELLO
Bravo! E dissi di voi...

217. ¡Bien! Y dice de vos...

DON JUAN
Tutto quel mal che in bocca le venia.

218. Todo lo malo que le vino a la boca.

LEPORELLO
Bravo, in coscienza mia!

219. ¡Bien, en verdad!

DON JUAN
E tu cosa facesti?

220. ¿Y tú qué hiciste?

LEPORELLO
Tacqui.

221. Callé.

DON JUAN
Ed ella?

222. ¿Y ella?

LEPORELLO
Seguì a gridar.

223. Siguió gritando.

DON JUAN
È tu?

224. ¿Y tú?

LEPORELLO
Quando mi parve che già fosse sfogata,
olcemente fuor dell'orto la trassi,
è con bell'arte chiusa
la porta a chiave, io mi cavai,
e sulla via soletta la lasciai.

225. Cuando me pareció que ya se había
desahogado, dulcemente la saqué
del huerto y con habilidad cerré
la puerta con llave, quité de en medio,
y la dejé sola en la calle.

DON JUAN

Bravo! Bravo! Arcibravo!
L'affar non può andar meglio.
Incominciasti, io saprò terminar;
troppo mi premono queste contadinotte.
Le voglio divertir finché vien notte.

Finch'han dal vino calda la testa
una gran festa fa preparar.
Se trovi in piazza qualche ragazza
teco ancor quella cerca menar.

Senza alcun ordine la danza sía
chi il minuetto, chi la follia
chi l'alemanna farai ballar.

Ed io frattanto dall'altro canto,
con questa e quella vó amoreggiar.
Ah! La mía lista doman, mattina
d'una decina devi aumentar.

226. ¡Bravo! ¡Bravo! ¡Archibravo!
El asunto no pudo marchar mejor.
Comenzaste, yo sabré terminar;
me atraen demasiado éstas campesinitas.
Quiero divertirlas hasta que llegue la noche.

Haz que tengan del vino la cabeza caliente
una gran fiesta haz preparar.
Si encuentras en la plaza alguna muchacha
intenta que también ella te acompañe.

Que sin orden ninguno haya danza
unos el minueto otros la folia otros
la alemanda haz que bailen.

Y yo por mi parte mientras tanto
a ésta y a aquella quiero cortejar.
¡Ah! Mi lista mañana por la mañana
en una decena debes aumentar.

Parten.

ESCENA DECIMOSEXTA. *Jardín de Don Juán, al fondo el palacio iluminado; dos pabellones a los lados.*
Campesinos y campesinas duermen o se sientan sobre lechos de hierba. Zerlina y Masetto.

ZERLINA

Masetto, senti un pó,
Masetto, dico...

227. Masetto, escucha un momento,
Masetto, digo...

MASETTO

Non mi tocar...

228. No me toques...

ZERLINA

Perché?

229. ¿Por qué?

MASETTO

Perché, mi chiedi? Perfida!
Il tatto sopportar dovrei
d'una man infedele?

230. ¿Me preguntas, por qué? ¡Pérfida!
¿Debería soportar el roce
de una mano infiel?

ZERLINA

Ah, no taci, crudele!
Io non merto da te tal trattamento.

231. ¡Ah, no, calla cruel!
No merezco que me trates así.

MASETTO

Come? Ed hai l'ardimento di scusarti?
Star sola con un uom!
Abbandonarmi il di delle mie nozze!
Porre in fronte a un villano d'onore
questa marca d'infamia!
Ah, se non fosse, lo scandalo, vorrei...

232. ¿Como? ¿Y tienes la osadía de excusarte?
¡Estar sola con un hombre!
¡Abandonarme el día de mi boda!
¡Poner en la frente de un villano honorable
ésta marca de infamia!
Ah, si no fuese por el escándalo, querría...

ZERLINA

Ma se colpa io non ho!
Ma se da lui ingannata rimasi!
E poi, che temi?
Tranquillati, mia vita;
non mi toccò la punta delle dita.
Non me lo credi? Ingrato!
Vien qui, sfogati, ammazzami,
fá tutto di me quel che ti piace;
ma poi, Masetto mio, ma poi fá pace.

233. ¡Pero si no fue culpa mía!
¡Si me quedé engañada por él!
¿Y además qué temes?
Tranquilízate vida mía;
no me tocó la punta de los dedos.
¿No me crees? ¡Ingrato!
Ven aquí desahógate, mátame,
haz de mi lo que quieras, pero después;
Masetto mío, hagamos las paces.

Batti, batti, o bel Masetto,
la tua pavera Zerlina;
starò qui come agnellina
le tue botte ad aspettar.

Pega, pega, buen Masetto,
a tu pobre Zerlina;
que yo esperaré tus golpes
como una corderito.

Lascerò straziarmi il crine
lascerò cavarmi gli occhi,
e le care tue manine
lieta poi saprò baciar.

Dejaré que me arranques el pelo
dejaré que me saques los ojos,
y tus queridas manitas
después sabré besar contenta.

Ah, lo vedo, non hai core!
Pace, pace, o vita mía!
In contenti ed allegria
notte e dì vogliam passar.

¡Ah, veo que no tienes corazón!
¡Paz, paz, vida mía!
Pasemos contentos y alegres
los días y las noches.

MASETTO

Guarda un pò come seppe
questa strega sedurmi!
Siamo pure i deboli di testa!

234. ¡Mira como ésta bruja ha sabido
seducirme! ¡La verdad es que
somos puros y de cabeza débil!

DON JUAN

Sía preparato tutto a una gran festa.

(Desde adentro.)
235. Que se prepare todo para una gran fiesta.

ZERLINA

Ah, Masetto, Masetto,
odi la voce del monsù cavaliero!

236. ¡Ah, Masetto, Masetto,
oye la voz del señor caballero!

MASETTO
Ebben che c'è?

237. ¿Bien y qué?

ZERLINA
Verrà!

238. ¡Vendrá!

MASETTO
Lascia che venga.

239. Deja que venga.

ZERLINA
Ah, se vi fosse un buco da fuggir!

240. ¡Ah, si hubiera un agujero para escapar!

MASETTO
Di cosa temi?
Perché diventi pallida?
Ah! capisco, capisco bricconcella,
hai timor ch'io comprenda com'è
tra voi passata la faccenda.
Presto, presto... pria ch'ei venga,
por mi vo'da qualche lato...
C'è una nicchia... qui celato cheto,
cheto mi vo'star...

241. ¿De qué tienes miedo?
¿Por qué te pones pálida?
Ha comprendo, comprendo briboncilla,
tienes miedo de que entienda cómo
ha sido la historia entre vosotros.
Rápido, rápido... antes de que él venga,
me ocultaré en cualquier sitio...
Hay un nicho... aquí oculto y callado,
me quedaré...

ZERLINA
Senti, senti, dove vai?
Ah, non t'asconder, o Masetto!
Se ti trova, poveretto,
tu non sai chel può far.

242. ¿Escucha, escucha, adónde vas?
¡Ah, no te escondas, Masetto!
Si te encuentra, pobre de ti,
tú no sabes qué puede hacer.

MASETTO
Faccia, dica quel che vuole.

243. Que haga y diga lo que quiera.

ZERLINA
Ah, non giovan le parole.

244. Ah, no sirven las palabras.

MASETTO
Parla forte, e qui t'arresta.

245. Habla fuerte, y quédate aquí.

ZERLINA
Che capriccio ha nella testa!
Quell'ingrato, quel crudele
oggi vuol precipitar.

246. ¡Qué capricho tiene en la cabeza!
Este ingrato, éste cruel quiere
arruinarlo todo.

MASETTO
Capirò se m'è fedele
e in qual modo andò l'affar.

247. Comprobaré si me es fiel
y como marchó el asunto.

Entra en el pabellon.

ESCENA DECIMISEPTIMA. *Zerlina, Don Juán, sirvientes, campesinos y campesinas.*

DON JUAN
Su, svegliatevi, da bravi!
Su, coraggio o buona gente;
vogliam stare allegramente,
vogliam ridere e scherzar.

(A los campesinos.)
248. ¡Vamos, valientes, despertad!
Vamos, ánimo, buena gente;
alegrémonos
riamos y bromeemos.

Alla stanza della danza
conducette tutti quanti,
ed a tutti in abbondanza
gran rinfreschi fate dar.

(A los sirvientes.)
Al salón de baile
conducidlos a todos,
y a todos en abundancia
dadles gran refrigerio.

SIRVIENTES
Su, svegliatevi, da bravi!
Su, coraggio o buona gente, vogliam stare
allegramente voliam ridere e scherzar.

249. ¡Vamos, valientes, despertad!
Vamos, ánimo, buena gente,
alegrémonos riamos y bromeemos.

Parten los sirvientes y los campesinos.

ESCENA DECIMOCTAVA. *Zerlina, Don Juán y Masetto en el pabellón.*

ZERLINA
Tra quest'arbori celata
si può dar che non mi veda

250. Es posible que no me vea
si me oculto entre los árboles.

DON JUAN
Zerlinetta, mia garbata,
t'ho già visto, non scappar.

251. Garbosa, Zerlinita mía,
ya te he visto, no escapes.

(La atrapa.)

ZERLINA
Ah, lasciatemi, andar via!

252. ¡Ah, dejadme ir!

DON JUAN
No, no, resta gioia mia!

253. ¡No, no, quédate prenda mía!

ZERLINA

Se pietade avete in core...

254. Si tenéis piedad en el corazón...

DON JUAN

Sì, ben mio, son tutto amere...
vieni un poco in questo loco
fortunata io ti vò far.

255. Si, bien mío, soy todo amor...
ven un poco a éste lugar
te quiero hacer afortunada.

ZERLINA

Ah, s'ei vedi il sposo mio,
so ben io quel che può far!

256. ¡Ah, sí me ve mi esposo,
sé bien, que le puede hacer!

Don Juán abre el gabinete y hace un gesto de sorpresa al ver a Masetto.

DON JUAN

Masetto!

257. ¡Masetto!

MASETTO

Sì, Masetto.

258. Si, Masetto.

DON JUAN

E chiuso là, perché?
La bella tua Zerlina
non può, la poverina,
più star senza di te.

259. ¿Y encerrado aquí, por qué?
Tu bella Zerlina
no pudo, la pobrecita,
estar más sin ti.

MASETTO

Capisco, sì, signore.

260. Comprendo, sí, señor.

DON JUAN

Adesso, fate core, fate core!
I suonatori udite venite omai con me.

(A Zerlina.)
261. ¡Ahora, animaos, animaos!
Oíd a los músicos venid conmigo.

MASETTO Y ZERLINA

Sì, sì facciamo core
ed a ballar con gli altri
andiamo tutti è tre.

262. Si, si, animémonos
y a bailar con los demás
vamos los tres.

Salen.

ESCENA DECIMONOVENA. *Doña Ana, Doña Elvira y Don Octavio enmascarados. Don Juán y Leporello.*

DOÑA ELVIRA
Bisogna aver coraggio
o cari amici miei
e i suoi misfatti rei
scoprir potremo allor.

(Entrado con Doña Ana, y Don Octavio.)
263. Debemos tener valor
oh queridos amigos míos
y así sus fechorías
podremos descubrir.

DON OCTAVIO
L'amica dice bene coraggio aver conviene.

264. La amiga dice bien conviene tener ánimo.

Discaccia o vita mia l'affano ed il timor.

(A Doña Ana.)
Desecha vida mía la ansiedad y el temor.

DOÑA ANA
Il passo è periglioso
può nascer qualche imbroglio
temo pel caro sposo
e per noi temo ancor.

265. El paso es peligroso
puede hacerse algún embrollo
temo por mi querido esposo
y por nosotros también temo.

LEPORELLO
Signor, guardate un poco che maschere galanti!

(Saliendo con Don Juán al balcón del palacio.)
266. ¡Señor, mirad un poco qué galantes máscaras!

DON JUAN
Falle passar avanti di'che ci fanno onor.

267. Hazlas pasar diles que nos hagan el honor.

DOÑA ANA, DOÑA ELVIRA, Y DON OCTAVIO
Al volto ed alla voce si scopre il traditor.

268. Por el rostro y la voz se delata el traidor.

LEPORELLO
Zì, zì, signore maschere!
Zì, zì...

269. ¡Chist, chist, señoras máscaras!
Chist, chist...

DOÑA ANA Y DOÑA ELVIRA
Vía rispondete.

(A Don Octavio.)
270. Adelante responded.

LEPORELLO
Zì, zì...

271. Chist, chist...

DON OCTAVIO
Cosa chiedete?

272. ¿Qué queréis?

LEPORELLO		
Al ballo, se vi piace v'invita il mio signor.	273.	Al baile, si gustáis mi señor os invita.
DON OCTAVIO		
Grazie di tanto onore.	274.	Gracias por tanto honor.
		(A ellas.)
Andiam, compagne belle.		Vamos, bellas compañeras.
LEPORELLO		
L'amico anque su quelle prova farà d'amor.	275.	El amigo intentará seducir también a esas.
DOÑA ANA Y DON OCTAVIO		
Protegga il giusto cielo il zelo del mio cor.	276.	Proteja el justo cielo el celo de mi corazón.
DOÑA ANA, DON OCTAVIO, DOÑA ELVIRA	277.	
Vendichi il giusto cielo il mio tradito amor.		Vengue el justo cielo mi amor traicionado.

Parten.

ESCENA VIGESIMA. *Sala iluminada y preparada para un gran baile. Don Juán, Leporello, Zerlina, Masetto, campesinos y campesinas, musicos, sirvientes con refrescos. Don Juán hace sentarse a los muchachos que están en actitud de haber acabado un baile.*

DON JUAN		
Riposate, vezzose ragazze!	278.	¡Reposen, bellas muchachas!
LEPORELLO		
Rinfrescatevi, bei giovinotti!	279.	¡Refrescaos, bellos jovencitos!
DON JUAN Y LEPORELLO		
Tornerete a far presto le pazze tornerete a scherzar e ballar	280.	Volved pronto a hacer locuras, volved a bromear y bailar.

Sirven los refrescos.

DON JUAN		
Ehi, caffé!	281.	¡Eh, café!
LEPORELLO		
Cioccolatte!	282.	¡Chocolate!
MASETTO		
Ah, Zerlina, giudizio!	283.	¡Ah, Zerlina, cuidado!

DON JUAN
Sorbetti!

284. ¡Sorbetes!

LEPORELLO
Confetti!

285. ¡Confites!

ZERLINA Y MASETTO
Troppo dolce comincia la scena in amaro,
potria terminar.

286. Muy dulcemente comienza la escena,
podría terminar con amargura.

DON JUAN
Sei pur vaga, brillante Zerlina!

(Acaricia a Zerlina.)
287. ¡Eres muy bella, radiante Zerlina!

ZERLINA
Sua bontà...

288. Sois muy bondadoso...

MASETTO
La briccona fa festa.

289. A la bribona, le gusta.

LEPORELLO
Sei pur cara, Giannotta, Sandrina!

(Imita a su amo con otras muchachas.)
290. ¡Eres encantadora, Giannotta, Sandrina!

MASETTO
Tocca pur, che ti cada la testa!

(Mirando a Don Juán.)
291. ¡Tócala, y que se te caiga la cabeza!

ZERLINA
Quel Masetto mi par stralunato;
qui bisogna cervello adoprar.

292. Masetto me parece trastornado;
hay que actuar con inteligencia.

MASETTO
Ah, briccona, mi vuoi disperar!

293. ¡Ah, bribona, quieres desesperar me!

ESCENA VIDESIMOPRIMERA. *Don Juán, Leporello, Zerlina, Masetto, campesinos y campesinas, músicos, criados, Doña Ana, Doña Elvira, y Don Octavio. Entran enmascarados Doña Ana, Doña Elvira, y Don Octavio.*

LEPORELLO
Venite pur avanti! Vezzose mascherette!

294. ¡Pasad, adelante! ¡Gentiles máscaras!

DON JUAN
È aperto a tutti quanti! Viva la libertà!

295. ¡Está abierto para todos! ¡Viva la libertad!

DOÑA ANA, DOÑA ELVIRA Y DON OCTAVIO
Siam grati a tanti segni di generosità!

296. ¡Agradecemos tantos signos de generosidad!

DOÑA ANA, DOÑA ELVIRA, DON OCTAVIO, DON JUAN Y LEPORELLO	297.	
Viva la libertà!		¡Viva la libertad!
DON JUAN		*(A los músicos.)*
Ricominciati il suono.	298.	Continuad la música.
		(A Leporello.)
Tu accopia i ballerini.		Tú empareja a los bailarines.
LEPORELLO		
Da bravi, via' ballate!	299.	¡Adelante, bailen!
DOÑA ELVIRA		*(A Doña Ana.)*
Quella è la contadina.	300.	Esa es la campesina.
DOÑA ANA		
Io moro!	301.	¡Me muero!
DON OCTAVIO		
Simulate.	302.	Disimulad.
DON JUAN Y LEPORELLO		
Va bene, in verità.	303.	Va bien, en verdad.
MASETTO		
Va bene, in verità!	304.	¡Va bien, en verdad!
DON JUAN		*(A Leporello.)*
A bada tien Masetto.	305.	Ocúpate de Masetto.
LEPORELLO		*(A Masetto.)*
Non balli, poveretto? Vien qua Masetto caro. Facciam quel ch'altri fa.	306.	¿No bailas, pobrecito? Ven aquí querido Masetto. Hagamos lo que hacen los demás.
DON JUAN		*(A Zerlina.)*
Il tuo compagno, io sono Zerlina, vien pur qua!	307.	¡Yo soy tu compañero, Zerlina, ven aquí!

Se pone a bailar con Zerlina una contradanza.

MASETTO		
No, no, ballar non voglio.	308.	No, no, no quiero bailar.
LEPORELLO		
Eh, balla, amico mio.	309.	Eh, baila amigo mío.

MASETTO
No!

310. ¡No!

LEPORELLO
Sì! Caro Masetto, balla!

311. ¡Si! ¡Baila querido, Masetto!

DOÑA ANA
Resister non poss'io!

(A Doña Elvira.)
312. ¡No puedo resistir!

DOÑA ELVIRA Y DON OCTAVIO
Fingete per pietà.

313. Fingid por piedad.

DON JUAN
Vieni con me vita mia...

(A Zerlina.)
314. Ven conmigo vida mía...

Bailando conduce a Zerlina junto a una puerta y la hace entrar casi a la fuerza.

MASETTO
Lasciami, ah, no... Zerlina!

(A Leporello.)
315. Déjame, ah, no... ¡Zerlina!

ZERLINA
Oh numi! Son tradita! ...

316. ¡Oh dioses, me han traicionado! ...

Masetto se libra de Leporello y sigue a Zerlina.

LEPORELLO
Qui nasce una ruina.

317. Aquí va a suceder una desgracia.

DOÑA ANA, DOÑA ELVIRA Y DON OCTAVIO
L'iniquo da se stesso nel lacio se ne và.

318. El inicuo por si solo caerá en la trampa.

ZERLINA
Gente! Aiuto, aiuto gente!

319. ¡A mí! ¡Auxilio, auxilio, amigos!

DOÑA ANA, DOÑA ELVIRA Y DON OCTAVIO
Soccorriamo l'innocente!

320. ¡Socorramos a la inocente!

Los músicos y los demás se van confusos.

MASETTO
Ah, Zerlina!

321. ¡Ah, Zerlina!

ZERLINA
Scellerato!

322. ¡Miserable!

DOÑA ANA, DOÑA ELVIRA Y DON OCTAVIO

Ora grida da quel lato...
Ah, gittiamo giù la porta! ...

323. Ahora grita de aquel lado...
¡Ah, derribemos la puerta! ...

(Derriban la puerta.)

ZERLINA

Soccorretemi, son morta! ...

324. ¡Socorredme, me muero! ...

DOÑA ANA, DOÑA ELVIRA, DON OCTAVIO Y MASETTO

Siam qui noi per tua difesa.

325. Estamos aquí para defenderte.

Sale espada en mano.
Lleva con el por el brazo a Leporello y finge querer herirlo pero la espada no sale de la vaina.

DON JUAN

Ecco il birbo che t'ha offesa,
ma da me la pena avrà.

(A Zerlina.)
326. He aquí el bribón que te ha ofendido,
pero recibirá su castigo.

Mori, iniquo!

(A Leporello.)
¡Muere, inicuo!

LEPORELLO

Ah, cosa fate'?...

327. ¿Ah, qué hacéis? ...

DON JUAN

Mori, dico!

328. ¡Muere, digo!

DON OCTAVIO

Nol sperate...

(Apuntando con una postola a Don Juán.)
329. No os atreváis...

DOÑA ANA, DOÑA ELVIRA Y DON OCTAVIO

L'empio crede con tal frode di
nasconder l'empietà.

330. *(Quitándose las máscaras.)*
El impío pretende ocultar la impiedad
con tal fraude.

DON JUAN

Donn'Elvira!

331. ¡Doña Ana!

DOÑA ELVIRA

Sì, malvagio!

332. ¡Si, malvado!

DON JUAN

Don Ottavio!

333. ¡Don Octavio!

DON OCTAVIO
Sì, signore!

334. ¡Sí, señor!

DON JUAN
Ah, credete! ...

(A Doña Ana.)
335. ¡Ah, creed! ...

DOÑA ANA, DOÑA ELVIRA, ZERLINA, DON OCTAVIO Y MASETTO
Tutto, tutto già sì sà
trema, trema scellerato!
Saprà tosto il mondo intero
il misfatto e nero, la tua fiera crudeltà.

Odi il tuon della vendetta
che ti fischia intorno; intorno sul tuo capo,
in questo giorno, il suo fulmine cadrà.

336.
¡Todo, todo ya se sabe
tiembla, tiembla miserable!
Sabrá pronto el mundo entero tu crimen
horrendo y negro, tu fiera crueldad.

Oye el trueno de la venganza
que te silba cerca, cerca; sobre tu cabeza,
en éste día, su rayo caerá.

DON JUAN Y LEPORELLO
È confusa la mia testa,
non so più quel ch'io
mi ci faccia, e un'orribile tempesta
minacciando, oddio mi va!
Ma non manca in me coraggio;
non mi perdo o mi confondo.
Se cadesse ancora il mondo
nulla mai temer mi fa.

337. ¡Mi cabeza está confusa,
no sé qué hacer
una horrible tempestad
lo está amenazando!
Pero no me falta valor;
ni me pierdo ni me confundo.
Aunque el mundo se viniese abajo
nada me atemorizará.

Acto II

ESCENA PRIMERA.

Una calle, a un lado la casa de Doña Elvira con su balcón. Don Juán y Leporello.

DON JUAN
Ehi, via buffone, non mi seccar!
338. ¡Largo de aquí bufón, no me molestes!

LEPORELLO
No, no padrone, non vó restar!
339. ¡No, no, mi amo no quiero quedarme!

DON JUAN
Sentimi amico...
340. Escúchame amigo...

LEPORELLO
Vo andar, vi dico.
341. Que me voy, os digo.

DON JUAN
Mache ti ho fato, che vuoi lasciarmi?
342. ¿Pero qué te he hecho, que quieres dejarme?

LEPORELLO
Oh, niente ha affatto,
quasi ammazzarmi, me!
343. ¡Oh, nada en absoluto,
casi matarme!

DON JUAN
Vá, che sei matto; fu per burlar.
344. Vamos, estás loco; fue de broma.

LEPORELLO
Ed io non burlo, ma voglio andar.
345. Yo no bromeo y me quiero ir.

(Va a salir, Don Juán lo llama.)

DON JUAN
Leporello.
346. Leporello.

LEPORELLO
Signore.
347. Señor.

DON JUAN
Vien qui, facciamo pace. Prendi.

348. Ven aquí, hagamos las paces. Toma.

LEPORELLO
Cosa?

349. ¿Qué?

DON JUAN
Quattro doppie.

(Le dá dinero.)
350. Cuatro doblas.

LEPORELLO
Oh, sentite; per questa volta la cerimonia
accetto ma non vi ci avvezzate;
non credete di sedurre i miei pari,
come le donne, a forza di danari.

351. Escuchad; por ésta vez la ceremonia acepto
pero no os acostumbréis;
no creáis que vais a seducir a uno como yo
como a las mujeres, a fuerza de dinero.

DON JUAN
Non parliam più di ciò! Ti basta
l'animo di far quel ch'io ti dico?

352. ¡No hablemos más de ellos! ¿Tienes valor
suficiente para hacer lo que yo te diga?

LEPORELLO
Purché lasciam le donne.

353. Con tal que dejemos a las mujeres.

DON JUAN
Laciar le donne! Pazzo!
Lasciar le donne?
Sai ch'elle per son necessarie più del pan,
che mangio, più dell'aria che spiro!

354. ¡Dejar a las mujeres! ¡Loco!
¿Sabes que ellas para mí?
¡Son más necesarias que el pan que como,
más que el aire que respiro!

LEPORELLO
È avete core d'ingannarle poi tutte?

355. ¿Y tenéis valor para engañarlas luego a todas?

DON JUAN
È tutto amore chi ma una sola è fedele veso
l'altre è crudele. Io, che in me sento
sì esteso sentimento vó bene
a tutte guante.
Le donne, poi che calcolar non non sanno,
il mio buon natural chiamano inganno.

356. Es todo amor quien es fiel a una sola cruel
será con las demás. Yo que en mi albergo
un sentimiento de tal amplitud
a todas las quiero.
Mas las mujeres que no saben juzgarme,
lo llaman engaño.

LEPORELLO
Non ho veduto mai naturale píu vasto
e più benigno. Orsu, cosa vorreste?

357. No he visto nunca natural más amplio ni
más benigno. ¿Bueno, qué deseas?

DON JUAN

Odi,
vedeste tu la cameriera di Donn'Elvira?

358. ¡Escuchad,
viste tú la camarera de Doña Elvira?

LEPORELLO

Io no.

359. Yo no.

DON JUAN

Non hai veduto qualche cosa di bello.
Caro il mio Leporello!
Ora io con lei vo'tentar la mia sorte;
ed ho pensato già che siam verso sera
per agguzarle meglio l'appetito,
di presentarmi a lei col tuo vestito.

360. Entonces no has visto algo de verdad
hermoso. ¡Mi querido Leporello!
Ahora yo quiero probar fortuna con ella
y he pensado ya que la noche se acerca
para aguzarle más el apetito,
presentarme a ella con tus ropas.

LEPORELLO

E perché non potreste presentarvi col vostro?

361. ¿Y por qué no podréis presentaros con las vuestras?

DON JUAN

Han poco credito con gente di tal rango
gli abiti signorili.

362. Tienen poco crédito con gente de tal rango
las ropas señoriales.

(Se quita la ropa.)

Sbrigati, via!

¡Date prisa, vamos!

LEPORELLO

Signor... per più ragioni...

363. Señor... por muchas razones...

DON JUAN

Finiscila! Non soffro opposizioni.

364. ¡Basta! No tolero oposición.

Se intercambian las ropas.

ESCENA SEGUNDA. *Don Juán, Leporello y Doña Elvira en el balcón Se acerca la noche.*

DOÑA ELVIRA

Ah, taci ingiusto core non palpitarmi
in seno, è un empio, è un traditore,
è colpa aver pietà.

365. Ah, calla corazón injusto no palpites
en mi pecho, es un impío, y un traidor,
es delito sentir piedad.

LEPORELLO

Zitto, di Donn'Elvira, signor,
la voce io sento.

366. Silencio, señor,
la voz de Doña Elvira escucho.

DON JUAN
Cogliere io vó il momento
tu fermati un po'là.

367. Aprovecharé el momento
tu quédate ahí un momento.

Se coloca detrás de Leporello y habla a Doña Elvira.

Elvira, idolo mio...

Elvira, ídolo mío...

DOÑA ELVIRA
Non è costui l'ingrato?

368. ¿No es éste el ingrato?

DON JUAN
Sì, vita mia son io; è chieggo carità.

369. Si vida mía soy yo; y pido caridad.

DOÑA ELVIRA
Numi, che strano affetto mi sì risveglia
in petto!

370. ¡Dioses, qué extraño afecto se despierta
en mi pecho!

LEPORELLO
State a veder la pazza che ancor gli crederà.

371. Vais a vender como esa loca de nuevo le
creerá.

DON JUAN
Discendi, o gioia bella!
Vedrai che tu sei quella che adora l'alma
mia; pentito io son già .

372. ¡Baja, oh hermosa joya!
Verás que tú eres aquella que adora mi alma;
ya estoy arrepentido.

DOÑA ELVIRA
No, non ti credo, o barbara!

373. ¡No, no te creo, oh bárbaro!

DON JUAN
Ah, credimi, o m'uccido!

374. ¡Ah, créeme, o me mato!

LEPORELLO
Se seguitate, io rido.

(A Don Juan.)
375. Si continuáis, me reiré.

DON JUAN
Idolo mio, vien qua.

376. Ídolo mío, ven aquí.

DOÑA ELVIRA
Dei, che cimento è questo?
Non so s'io vado o resto...
Ah! Proteggete voi lamia credulità.

377. ¿Dios, qué prueba es ésta?
No sé si ir o quedarme...
¡Ah! Proteged vosotros mi credulidad.

DON JUAN

Spero che cada presto
che bel colpetto e questo!
Più fertile talento del mio no,
non sì dà.

378. ¡Espero que caiga pronto
qué buen golpe ha sido éste!
Talento más fértil que el mío
desde luego, no se da.

LEPORELLO

Già quel mendace labbro torna a sedur
costei. Deh! Proteggete o Dei, la sua
credulità.

379. Ya ese labio mendaz vuelve a seducirla.
¡Ay! Proteged oh Dios, su credulidad.

Doña Elvira se marcha del balcón.

DON JUAN

Amico, che ti par?

380. ¿Amigo, qué te parece?

LEPORELLO

Mi par che abbiate un anima di bronzo.

381. Me parece que tenéis un alma de bronce.

DON JUAN

Va'là, che sei il gran gonzo! Ascolta bene...
Quando costei qui viene, tu corri ad
abbracciarla; falle quattro carezze,
fingí la voce mia, poi con bell'arte cerca teco
condurla in altra parte.

382. ¡Mira que eres bobalicón! Escucha bien...
Cuando ella llegue aquí, tú corres a
abrazarla; hazle cuatro caricias,
finge la voz mía, luego con habilidad trata
de llevarla contigo a otra parte.

LEPORELLO

Ma, signore...

383. Pero, señor...

DON JUAN

Non più repliche!

384. ¡No más réplicas!

LEPORELLO

Ma se poi mi conosce?

385. ¿Y si después me reconoce?

DON JUAN

Non ti conoscerà, se tu non vuoi.
Zitto, ell'apre. Ehi, giudizio!

(Poniéndole a Leporello una pistola en la nariz.)

386. No te reconocerá, si no quieres.
Calla, ella está abriendo. ¡Cuida do!

ESCENA TERCERA. *Don Juán, Leporello y Doña Elvira.*

DOÑA ELVIRA

Eccomi a voi.

387. Aquí me tenéis.

DON JUAN

Veggiamo che farà.

(Se retira al fondo.)

388. Veamos que hará.

Italiano		Español
LEPORELLO Che imbroglio!	389.	¡Qué embrollo!
DOÑA ELVIRA Dunque creder potrò che i pianti miei abbian vinto quel cor? Dunque pentito l'amato Don Giovanni al suo dovere e all'amor mio ritorna?	390.	*(Confunde a Leporello con Don Juán.)* ¿Acaso puedo creer que mi llanto ha vencido a ese corazón? ¿Entonces arrepentido el amado Don Juán retorna a su deber y a mi amor?
LEPORELLO Sì carina!	391.	¡Si querida!
DOÑA ELVIRA Crudele! Se sapeste quante lagrime e quanti sospir voi mi costate!	392.	¡Cruel! ¡Si supieras cuántas lágrimas y cuantos suspiros me habéis costado!
LEPORELLO Io, vita mia?	393.	¿Yo, vida mía?
DOÑA ELVIRA Voi.	394.	Vos.
LEPORELLO Poverina, quanto mi dispiace!	395.	¡Pobrecilla, cuánto lo siento!
DOÑA ELVIRA Mi fuggirete più?	396.	¿De nuevo huiréis de mí?
LEPORELLO No, muso bello.	397.	No, carita hermosa.
DOÑA ELVIRA Sarete sempre mio?	398.	¿Serás siempre mío?
LEPORELLO Sempre.	399.	Siempre.
DOÑA ELVIRA Carissimo!	400.	¡Queridísimo!
LEPORELLO Carissima! La burla mi da gusto.	401.	¡Queridísima! La broma me gusta.
DOÑA ELVIRA Mio tesoro!	402.	¡Tesoro mío!

LEPORELLO
Mía Venere!

403. ¡Mi Venus!

DOÑA ELVIRA
Son per voi tutta foco.

404. Soy todo fuego por vos.

LEPORELLO
Io, tutto cenere.

405. Y yo, todo cenizas.

DON JUAN
Il birbo sì riscalda.

406. El bribón se calienta.

DOÑA ELVIRA
E non m'ingannerete?

407. ¿Y no me engañareis?

LEPORELLO
No, sicuro!

408. ¡Claro, que no!

DOÑA ELVIRA
Giuratemi.

409. Jurádmelo.

LEPORELLO
Lo giuro aquesta mano,
che bacio con trasporto,
a quei bei lumi...

410. Se lo juro a ésta mano,
que beso con arrebato,
y a esos bellos luceros...

DON JUAN
Ih, eh, ah, ih! Sei morto!

(Finge matar a alguien con la espada.)
411. ¡Ih, ah, eh, ih! ¡Eres hombre muerto!

DOÑA ELVIRA Y LEPORELLO
Oh numi!

412. ¡Oh dioses!

(Salen.)

DON JUAN
Ha, ha, ha, ha, par che la sorte mi secondi.
Veggiamo.
Le finestre son queste. Ora cantiamo.
Deh, vieni alla finestra, o mio tesoro.
Vieni a consolar il pianto mio;
Se neghi a me di dar qualche ristoro,
davanti agli occhi tuoi morir vogl'io.
Tu ch'hai la bocca dolce più che il miele.
Tu che il zucchero porti in mezzo al core;
non esser gioia mia, con me crudele
lasciati almen veder, mio bell'amore!

413. Ja, ja, ja, ja, parece que la suerte me favorece.
Veamos.
Estas son las ventanas. Cantemos.
Ven a la ventana, tesoro mío.
Ven a consolar mi llanto;
i te niegas a darme algún consuelo,
delante de tus ojos quiero morir.
Tu que tienes la boca más dulce que la miel.
¡Tú que llevas azucaren el corazón;
no seas joya mía, cruel conmigo;
déjate ver al menos, mi bello amor!

ESCENA CUARTA. *Don Juán, Masetto y campesinos armados.*

DON JUAN
V'è gente alla finestra; sarà dessa.
Zì, zì.

414. Hay gente en la ventana; guisase ella.
Chist, chist.

MASETTO
Non ci stanchiamo; il cor mi dice
che trovarlo dobbiamo.

(Entra con los campesinos.)
415. No nos rindamos; el corazón me dice que
lo encontraremos.

DON JUAN
Qualcuno parla.

416. Alguien habla.

MASETTO
Fermatevi;
mi pare che alcuno qui si muova.

417. Deteneos;
me parece que alguien se mueve por aquí.

DON JUAN
Se non fallo é Masetto.

418. Si no me equivoco, es Masetto.

MASETTO
Chi va là'? Non risponde...
Animo, schioppo al muso! Chi và là'?

419. ¿Quién va? No responde...
¡Animo, fusil al hombro! ¿Quién va'?

DON JUAN
Non é solo, ci vuol giudizio.

420. No está solo, hay que tener cuidado.

Amici... Non mi voglio scoprir.
Sei tu, Masetto'?

(Trata de imitar la voz de Leporello.)
Amigos... No quiero que me descubran.
¿Eres tú, Masetto'?

MASETTO
Appunto quello. E tu?

(Enojado.)
421. Ese mismo. ¿Y tú?

DON JUAN
Non mi conosci'?
Il servo, son io di Don Giovanni.

422. ¿No me conoces'?
Soy yo, el criado de Don Juán.

MASETTO
Leporello!
Servo di quell'indegno cavaliere!

423. ¡Leporello!
¡Criado de ese indigno caballero!

DON JUAN
Certo, di quel briccone...

424. Cierto, de ese bribón...

MASETTO
Di quel uom senza onore!
Ah, dimmi un poco dove possiam trovarlo;
lo cerco con costor per trucidarlo.

425. ¡De ese hombre sin honor!
Dime donde podemos encontrarlo;
lo busco con éstos para hacerlo trizas.

DON JUAN
Bagattelle! Bravissimo Masetto!
Anch'io con voi m'unisco,
per fargliela, a quel birbo di padrone,
ma udite un pó qual è lamia intenzione.

426. ¡Fruslerías! ¡Bravísimo Masetto!
También me uniré a vosotros,
para hacérsela pagar a ese bribón de mi amo,
pero escuchad un momento cual es mi plan.

Metà di voi qua vadano,
e qli altri vadan là,

(Señalando a la derecha.)
Que la mitad de vosotros vaya por aquí
y los otros por allá,

è pien pianin lo cerchino lontan
non fia di qua.

(Señalando a la izquierda.)
y sigilosamente lo busquen
no andará lejos de aquí.

Se un uom e una ragazza passegian per
la piazza; se sotto a una finestra fare
all'amor sentite, ferit pur, ferite;
il mio padron sarà!

¡Si un hombre y una muchacha pasean por
la plaza; si bajo una ventana escucháis
cortejar atacad, entonces atacad;
mi amo será!

In testa egli ha un capello con candidi
pennacchini; addosso un gran mantello
espada al fianco egli ha.

En la cabeza lleva un sombrero con blancos
penachos; por encima una gran capa
y tiene una espada al cinto.

Andate, fate presto!

¡Id, apresuraos!
(Salen los campesinos.)

Tu sol verrai con me noi far dobbiamo
il resto; e già vedrai cos'è.

(A Masetto.)
Solo tu vendrás conmigo nosotros haremos
el resto; y ya veréis de que se trata.

Sale con Masetto.

ESCENA QUINTA. *Don Juán y Masetto.*

DON JUAN
Zitto... lascia ch'io senta ottimamente.
Dunque dobbiamo ucciderlo.

(A Masetto.)
427. Calla... déjame escuchar perfectamente.
Así que debemos matarlo.

MASETTO
Sicuro.

428. Sin duda.

DON JUAN
E non ti basteria rompergli l'ossa,
fracassargli le spalle?

429. ¿Y no te bastaría romperle los huesos,
fracturarle la espalda?

MASETTO
No, no, voglio ammazzarlo,
vó farlo in cento brani.

430. No, no quiero matarlo,
quiero hacerlo cien pedazos.

DON JUAN
Hai buone arm?

431. ¿Tenéis buenas armas?

MASETTO
Cospetto! Ho pria questo moschetto
e poi questa pistola.

432. ¡Vaya! Primero, tengo éste mosquete
luego ésta pistola.

(Le dá ambas armas a Don Juán.)

DON JUAN
E poi?

433. ¿Y qué más?

MASETTO
Non basta?

434. ¿No basta?

DON JUAN
Eh, basta certo! Or prendi.

435. ¡Cierto que basta! Ahora toma.

Golpea con el revés de la espada a Masetto.

Questa perla pistola.
Questa per il moschetto.

Este por la pistola.
Este por el mosquete.

MASETTO
Ahi, ahi, soccorso, ahi!

436. ¡Ay, ay, socorro, ay!

DON JUAN
Taci o sei morto!
Questa per l'ammazzarlo,
e questa per farlo in brani
villano, mascalzon, ceffo da cani!

(Amenazándolo con las armas.)
437. ¡Calla o eres hombre muerto!
¡Este por matarlo,
este por hacerlo pedazos,
villano, cobarde, cara de perro!

Parte.

ESCENA SEXTA. *Masetto y Zerlina.*

MASETTO		
Ahi, ahi! La testa mia! Ahi, ahi! Le spalle... e il petto!	438.	¡Ay, ay! ¡Mi cabeza! ¡Ay, ay! ¡La espalda... y el pecho!
ZERLINA		
Di sentire mi parve la voce di Masetto.	439.	Me parece oír la voz de Masetto.
MASETTO		
O dio! Zerlina... Zerlina mia, soccorso!	440.	¡Oh, Dios! Zerlina... ¡Zerlina mía socorro!
ZERLINA		
Cosa è stato?	441.	¿Qué ha pasado?
MASETTO		
L'iniquo, lo scellerato, mi ruppe l'ossa e i nervi.	442.	Ese malvado, ese miserable me ha roto los huesos y los nervios.
ZERLINA		
Oh, poveretto me! Chi?	443.	¡Oh, pobrecito mío! ¿Quién fue?
MASETTO		
Leporello! O qualche diavol che somiglia a lui.	444.	¡Leporello! O algún diablo que se le parece.
ZERLINA		
Crudel! Non tel diss'io che con questa tua pazza gelosia ti ridurresti a qualche brutto passo? Dove ti duole?	445.	¡Cruel! ¿Note lo decía yo que por tus locos celos te verías en un aprieto? ¿Dónde te duele?
MASETTO		
Qui.	446.	Aquí.
ZERLINA		
E poi?	447.	¿Y luego?
MASETTO		
Qui... e ancora qui...	448.	Aquí... y también aquí...
ZERLINA		
E poi non ti duol altro?	449.	¿Y no te duele nada más?

MASETTO

Duolmi un poco
questo piè, questo braccio
e questa mano.

450. Me duele un poco
éste pie, éste brazo
y ésta mano.

ZERLINA

Via, via, non è gran mal,
se il resto è sano.
Vientene meco a casa
purché tu mi prometta d'essere men geloso,
io... io ti guarirò, caro il mio sposo.

451. Vamos, vamos, no es tan grave,
si el resto está sano.
Vente conmigo a casa
si tú me prometes ser menos celoso,
yo... yo te sanaré querido esposo mío.

Vedrai carino se sei buonino
che bel rimedio ti voglio dar;

Verás precioso si eres buenecito
que bello remedio te quiero dar;

È naturale non dà disgusto
e lo speziale non losa far.

Es natural no da disgusto
y el boticario no lo sabe hacer.

È un certo balsamo che porto addosso
dare te'l posso, se'l vuoi provar.

Es un cierto bálsamo que llevo conmigo
te lo puedo dar, si lo queréis probar.

Saper vorresti dove mi sta?

¿Quieres saber dónde lo guardo?

(Le hace tocar su carazón.)

Sentilo battere toccami qua.

Escucha como late tócame aquí.

Parten.

ESCENA SEPTIMA. *Obscuro zaguán en casa de Doña Ana.*
Leporello, Doña Elvira, Don Octavio y Doña Ana, criados.

LEPORELLO

Di molte faci il lume s'avvicina,
o mio, ben, stiamo qui un poco finché
da noi sì scosta.

(Cambiando la voz.)

452. La luz de muchas lámparas se acerca,
oh bien mío quedémonos aquí
un momento hasta que se ale je de nosotros.

DOÑA ELVIRA

Ma che temi, adorato mio sposo?

453. ¿Pero qué temes, adorado esposo mío?

LEPORELLO

Nulla, nulla... certi riguardi...
io vó veder se il lume è già lontano.
Ah, come da costei liberarmi?
Rimanti, anima bella...

454. Nada, nada... ciertas precauciones...
quiero ver si la luz ya está lejos.
¿Ah, como me libraré de ésta?
Quédate aquí, alma hermosa...

DOÑA ELVIRA

Ah, non lasciarmi! Sola, sola,
in buio loco palpitar il cor mio sento
e m'assale un tal spavento,
che mi sembra di morir.

455. ¡Ah, no me dejes! Sola, sola
en lugar obscuro siento palpitar mi corazón
y me asalta un miedo tal,
que me parece morir.

LEPORELLO

Più che cerco, men ritrovo
questa porta sciagurata...
piano, piano, l'ho trovata
ecco il tempo di fuggir.

(Caminando a tientas.

456. Mientras más busco, menos encuentro
a ésta puerta desgraciada...
despacio, despacio, la encontré éste
es el momento de escapar.

(Se equivoca de puerta.)

Doña Ana y Don Octavio entran vestidos de luto acompañados sde unis criados portando antorchas.

DON OCTAVIO

Tergi il ciglio, o vita mia e dà calma
al tuo dolore; l'ombra omai
del genitore pena avrà de tuoi martir.

457. Enjuga tus ojos, vida mía y calma
tu dolor; que la sombra del padre
se apenará por tu martirio.

DOÑA ANA

Lascia, almen alla mia pene
questo picciolo ristoro.
Sol la morte, o mio tesoro
il mio pianto può finir.

458. Deja a mi pena al menos
éste pequeño consuelo.
Solo la muerte, oh tesoro
mío puede acabar con mi llanto.

DOÑA ELVIRA

Ah! dov'è lo sposo mio?

459. ¿Ah, en donde está mi esposo?

LEPORELLO

Se mi trovan, son perduto.

(Desde la puerta, sin ser visto.)

460. Si me encuentran, estoy perdido.

DOÑA ELVIRA Y LEPORELLO

Una porta la vegg'io. Cheta v'o partir.

461. Una puerta veo. Allí sigiloso saldré.

ESCENA OCTAVA. *Leporello, Doña Elvira, Doña Ana, Don Octavio, Zerlina, Masetto y criados. Zerlina y Masetto, entrando, se encuentran con Doña Elvira y Leporello que se esconde la cara.*

ZERLINA Y MASETTO

Ferma briccone! Dove ten vai?

462. ¡Detente bribón! ¿A dónde vas?

DOÑA ANA Y DON OCTAVIO

Ecco il fellone!
Come era qua?

463. ¡Aquí está el rufián!
¿Cómo es que estaba aquí?

DOÑA ANA, ZERLINA
464. **DON OCTAVIO Y MASETTO**
Ah, mora il perfido che m'ha tradito!

¡Ah, muera el pérfido que me ha traicionado!

DOÑA ELVIRA
465. E mio marito! Pietà, pietà!

¡Es mi marido! ¡Piedad, piedad!

(Don Octavio intenta matarlo.)

DOÑA ANA, ZERLINA,
466. **DON OCTAVIO Y MASETTO**
È Donna Elvira, quella ch'io vedo?
Appena il credo... No, non morrà!

¿Es Doña Elvira, la que estoy viendo?
Apenas puedo creerlo... ¡No, no; morirá!

(Se arrodilla ante todos.)

LEPORELLO
467. Perdono, perdono, signori miei,
quello io non sono, sbaglia costei, viver,
lasciatemi, per carità.

Perdón, perdón, señores míos,
yo no soy ese vosotros os equivocáis
dejadme vivir por caridad.

DOÑA ANA Y DOÑA ELVIRA
468. Dei! Leporello! Che inganno é questo!

¡Dios! ¡Leporello! ¿Qué engaño es éste?

ZERLINA, DON OCTAVIO
469. **Y MASETTO**
Stupido resto, che mai sarà?

¿Quedo asombrado, qué será esto?

LEPORELLO
470. Mille torbidi pensiere ci
mi s'aggiran per la testa
se mi salvo in tal tempesta
è un prodigio in verità.

Mil pensamientos confusos
dan vueltas en mi cabeza
si me libro de la tempestad
será en verdad un milagro.

DOÑA ANA, DOÑA ELVIRA, ZERLINA,
471. **DON OCTAVIO Y MASETTO**
Mille torbidi pensiere
mi s'aggiran per la testa
che giornata, o stelle! È questa!
Che impensata novità!

¡Mil pensamientos confusos
dan vueltas en mi cabeza
qué jornada, cielos! ¡Es ésta!
¡Qué novedad imprevista!

Doña Ana parte con los sirvientes.

ESCENA NOVENA. *Leporello, Doña Elvira, Don Octavio, Zerlina, Masetto.*

ZERLINA
472. Dunque quello sei tu che il mio Masetto,
poco fa crudelmente maltrattasti!

(A Leporello.)
¡Así que eres tú el que hace poco con tanta
crueldad maltrató a mi Masetto!

DOÑA ELVIRA
Dunque tu m'ingannasti, o scellerato, it
spacciandoti con me da Don Giovanni!

(A Leporello.)
473. ¡De modo que tú me engañaste, canalla
haciéndote pasar por Don Juán!

DON OCTAVIO
Dunque tu in questi panni venisti
qui per qualche tradimento!

(A Leporello.)
474. ¡Conque tú de ésta guisa viniste
aquí para una traición!

DOÑA ELVIRA
A me tocca punirlo.

475. A mí me toca castigarlo.

ZERLINA
Anzi, a me!

476. ¡Nada de eso, a mí!

DON OCTAVIO
No, no, a me!

477. ¡No, no, a mí!

MASETTO
Accopattelo meco tutti tre!

478. ¡Golpeadlo los tres conmigo!

LEPORELLO
Ah, pietà signori miei
ah, pietà , pietà di me!
Do ragione a voi... a lei...
ma il delitto mio non è.

479. ¡Ah, piedad, señores míos
ah, piedad, piedad de mí!
Os doy la razón a vos...
a ella pero el delito no es mío.

Il padron con prepotenza
l'innocenza mi rubò.

Mi amo con prepotencia
la inocencia me robó.

Donna Elvira compatite,
già capite come andò.

(A Doña Elvira.)
Doña Elvira, apiadaos,
vos sabéis cómo ha sucedido.

Di Masetto non so nulla,

(A Masetto.)
De Masetto no sé nada,

vel dirà questa fanciulla è un'oretta
oretta circumcirca che con leí girando vó.

(Señala a Doña Elvira.)
os lo dirá ésta doncella desde hace casi
una hora estoy dando vueltas con ella.

A voi, signare,
non dico niente... certo timore... certo
accidente... di fuori chiara
di dentro oscuro... non c'è riparo
la porta... il muro...

(A Don Octavio.)
A vos, señor,
no digo nada cierto temor... cierto
accidente... claro por fuera obscuro...
por dentro no hay reparo
la puerta, el muro...

LEPORELLO *(continuato)*

Lo... il... la... vo da quel lato...
poi qui celato, l'affar sì sa.

Éste... él... la voy hacia aquel lado luego,
aquí escondido, se descubre el asunto.

Oh, sì sa,à ma s'io sapeva fuggìa per qua...

Oh, se descubre aunque de haberlo sabido
me hubiera escapado por aquí...

Huye.

ESCENA DECIMA. *Doña Elvira, Don Octavio, Zerlina, Masetto.*

DOÑA ELVIRA

Ferma, perfido, ferma! ...

480. ¡Detente, pérfido, detente! ...

MASETTO

Il birbo ha l'ali ai piedi...

481. El bribón tiene alas en los pies...

ZERLINA

Con qual arte sì sottrasse l'iniquo!

482. ¡Con qué arte se salvó el inicuo!

DON OCTAVIO

Amici miei dopo eccesi sì enormi dubitar
non possiam che Don Giovanni non sia
l'empio uccisore del padre di Donn'Anna.
In questa casa per poche ore fermatevi un
ricorso vo'far a chi sì deve, e in pochi istanti
vendicarmi prometto.
Così vuole dover, pietade, affetto.

483. Amigos míos después de excesos
tan grandes no hay duda de que Don Juán
es el impío asesino del padre de Doña Ana.
Quedaos en ésta casa unas horas una
denuncia quiero poner a quién corresponda
y en pocos instantes prometo vengarme.
Así lo exige el deber, la piedad y el afecto.

Il mio tesoro intanto andate a consolar e
del bel ciglio il pianto cercate di asciugar.
Ditele che i suoi torti a vendicar io vado,
che sol di stragi e morti nunzio
vogl'io tornar.

A mi tesoro entre tanto id a consolar y
de esos bellos ojos tratad de enjugar el llanto.
Decidle que sus errores voy a vengar,
que quiero regresar nuncio solo
de muerte y tragedia.

Salen.

ESCENA UNDECIMA. *Doña Elvira sola.*

DOÑA ELVIRA		
In qualli eccesi o Numi in quai misfatti orribili, tremendi, é avvolto il sciagurato! Ah, non puote tardar l'ira del cielo... la giustizia tardar! Sentir già parmi la fatale saetta que gli piomba sul capo! Aperto veggio il baratro morta... Misera Elvira, che contrasto d'affeti in sen ti nasce! Perché questi sospiri? È queste ambasce? Mi tradi, quell'alma ingrata;	484.	¡En qué excesos oh dioses en que desgracias horribles, tremendas se encuentra el desdicha do! ¡Ah no, la cólera del cielo... no puede tardar! ¡La justicia tardar! ¡Me parece que ya siento la fatal saeta que cae sobre su cabeza! Abierto veo el féretro mortal... ¡Pobre Elvira, qué encontrados sentimientos nacen en tu pecho! ¿Por qué esos suspiros? ¿Y esos afanes? Me traicionó, esa alma ingrata;
Infelice oddio! mi fà ma tradita è abbandonata, provo ancor per lui pietà.		Oh, Dios me hace infeliz más traicionada y abandonada aun ciento piedades por él.
Quando sento il mio tormento di vendetta il cor fevella ma, se guardo il suo cimento palpitando il cor mi và.		Cuando siento mi tormento el corazón me habla de venganza más, si considero el trance suyo palpitando el corazón se me va.

Salen.

ESCENA DECIMOSECUNDA. *Cementerio rodeado por un muro; algunos monumentos ecuestres, entre ellos el del Comendador. Claro de luna. Don Juán, Leporello, la estatua del Comendador.*

DON JUAN		*(Entra riendo saltando el muro.)*
Ah, ah, ah! Questa è buona! Or lasciala cercar. Che bella notte, e più chiara del giorno, sembra fatta per gira zonzo a caccia di ragazze. E tardi?	485.	¡Ja, ja, ja! ¡Ésta sí que es buena! Déjala ahora que busque. Qué bella noche, es más clara que el día, parece hecha para callejear a la caza de muchachas. ¿Es tarde?
		(Mira su reloj.)
Oh, ancor non sono due della notte. Avrei voglia un po'di saper come è finito l'affar tra Leporello e Donn'Elvira; s'egli ha avuto giudizio...		Oh, aun no son las dos de la madrugada. Me gustaría saber cómo ha acabado el asunto entre Leporello y Doña Elvira; si él ha tenido buen juicio...
LEPORELLO		
Alfin vuole ch'io faccia un precipizio.	486.	Al final conseguirá que me pierda.

DON JUAN È desso, oh, Leporello!	487.	¡Es él, oh Leporello!
LEPORELLO Chi mi chiama?	488.	¿Quién me llama?
DON JUAN Non conosci il padron?	489.	¿No conocéis a tu amo?
LEPORELLO Così nol conoscessi!	490.	¡Mejor fuera no conoceros!
DON JUAN Come? Birbo!	491.	¿Como? ¡Bribón!
LEPORELLO Ah, siete voi, scusate.	492.	Ah, sois vos, perdonad.
DON JUAN Cosa è stato?	493.	¿Qué ha sucedido?
LEPORELLO Per cagion vostra, io fui quasi accoppato.	494.	Por culpa vuestra, casi fui asesinado.
DON JUAN Ebben, non era questo un onore per te?	495.	¿Y qué, no era acaso un honor para ti?
LEPORELLO Signor, vel dono.	496.	Buen regalo, señor.
DON JUAN Via, via, vien qua; che belle cose ti deggio dir!	497.	¡Vamos, vamos, ven aquí; que te he de decir buenas cosas!
LEPORELLO Ma cosa fatc qui?	498.	¿Pero qué hacéis aquí?
DON JUAN Vien dentro e lo saprai.	499.	Entra y lo sabrás.

Leporello salta el muro e intercambia con Don Juán capa y sombrero.

Ditante istoriele, che accadute mi son da che artisti, ti dirò un'altra volta: orla più bella ti vó solo narrar.	En otra ocasión te hablaré de aventuras, que me han sucedido desde que te fuiste: ahora solo te quiero contar lo mejor.

LEPORELLO
Donnesca, al certo.

500. Mujeril, de seguro.

DON JUAN
C'è dubbio? Una fanciulla bella,
giovin, galante per la strada incontrai,
le vado appresso, la prendo per la mano,
fugir mi vuole, dico poche parole,
ella mi piglia, sai per chi?

501. ¿Hay duda? ¿Una doncella bella joven,
galante por la calle encontré,
me acerco a ella, le tomo la mano,
quiere huir de mí, le digo unas palabras,
y ella me toma, sabes por quién?

LEPORELLO
No lo so.

502. No lo sé.

DON JUAN
Per Leporello.

503. Por Leporello.

LEPORELLO
Per me?

504. ¿Por mí?

DON JUAN
Per te.

505. Por ti.

LEPORELLO
Va bene!

506. ¡Bien!

DON JUAN
Per la mano essa allor mi prende.

507. Entonces ella me toma de la mano.

LEPORELLO
Ancora meglio.

508. Aun mejor.

DON JUAN
M'accarezza, mi abbraccia
"Caro il mio Leporello...
Leporello, mio caro..."
Allor m'accorsi ch'era
qualche tua bella.

509. Me acaricia, me abraza
"Mi querido Leporello...
Leporello, querido mío..."
Entonces me di cuenta de que era
alguna de tus amigas.

LEPORELLO
Oh, maledetto!

510. ¡Oh, maldito!

DON JUAN
Dell'inganno approfitto.
Non so come mi riconosce, grida;
sento gente, a fuggir mi metto,
e pronto, per quel muretto in questo
loco io monto.

511. Yo aprovecho el engaño.
No sé cómo me reconoce, grita,
oigo gente, me dispongo a huir,
y rápidamente, por esa tapia salto
hasta éste lugar.

LEPORELLO
E mi dite la cosa con tale indifferenza?

512. ¿Y me lo decís con tal indiferencia?

DON JUAN
Perché no?

513. ¿Por qué no?

LEPORELLO
Ma se fosse costei stata mía moglie?

514. ¿Pero, si ella hubiese sido mi mujer?

DON JUAN
Meglio ancora!

515. ¡Mejor aún!

(Rie muy fuerte.)

EL COMENDADOR
Di rider finirai pria dell'aurora.

516. Dejarás de reír antes de la aurora.

DON JUAN
Chi ha parlato?

517. ¿Quién ha hablado?

LEPORELLO
Ah! Qualche anima sarà dell'altro mondo
che vi conosce a fondo.

(Con miedo.)
518. ¡Ah! Será alguna alma del otro mundo
que os conoce a fondo.

DON JUAN
Taci sciocco!
Chi va là? Chi va là?

519. ¡Calla, estúpido!
¿Quién va? ¿Quién va?

Saca la espada y busca por doquier alrededor del pequeño sepulcro dando varios golpes a las estatuas.

EL COMENDADOR
Ribaldo audace!
Lascia á morti la pace.

520. ¡Bellaco audaz!
Deja en paz a los muertos.

LEPORELLO
Ve l'ho detto...

521. Os lo dije...

DON JUAN
Sarà qualcun di fuori
che sì burla sì noi...
Ehi, del Commendatore non è questa la statua? Leggi un poco quella'iscrizion.

(Con desprecio e indiferencia.)
522. Será alguno de ahí afuera
que se burla de nosotros...
¿Oye, no es esta la estatua del Comendador?
Lee esa inscripción.

LEPORELLO
Scusate... Non ho imparato
a leggere ai raggi della luna...

523. Perdonadme... No he aprendido
a leer a la luz de la luna...

DON JUAN
Leggi, dico!

524. ¡Lee, te digo!

LEPORELLO
"Dell'empio che mi trasse al passo estremo,
qui attendo la vendetta"...

525. "Del impío que me llevó al trance extremo,
aquí aguardo la venganza"...

Udiste?... Io tremo...

(A Don Juán.)
¿Oísteis?... Yo estoy temblando...

DON JUAN
O vecchio buffonissimo!
Digli che questa sera l'attendo
a cenar meco.

526. ¡Oh viejo grotesquísimo!
Dile que ésta noche lo espero
a cenar conmigo.

LEPORELLO
Che pazzia! Ma vi par... Oh Dei mirate !
Che terribili occhiate egli ci dà.
Par vivo! Par che senta,
e che voglia parlar.

527. ¡Qué locura! Pero... ¡Oh Dios!
Fijaos qué terribles miradas nos dirige.
¡Parece vivo! Parece que oye,
y que quiere hablar.

DON JUAN
Orsú, vá là! O qui t'ammazzo
e poi ti seppellisco.

528. ¡Basta, ya está bien! O te mato aquí mismo
y después te entierro.

LEPORELLO
Piano, piano, signore, ora ubbidisco.

529. Calma, calma, señor, ahora obedezco.

O statua gentillisima
del gran Commendatore.

(A la estatua.)
Oh estatua gentilísima
del gran Comendador.

Padron, mi trema il core,
non posso terminar...

(A Don Juán.)
Amo, me tiembla el corazón,
no puedo terminar...

Italiano		Español
DON JUAN Finiscila o nel petto ti metto quest'acciar!	530.	¡Termina o en el pecho te clavo éste acero!
LEPORELLO Che impiccio! Ché capriccio! Io sentomi gelar.	531.	¡Qué enredo! ¡Qué capricho! Siento que me hielo.
DON JUAN Che gusto! Che spassetto! Io voglio far tremar.	532.	¡Qué gusto! ¡Qué diversión! Quiero hacerlo temblar.
LEPORELLO O statua gentilissima benché di marmo siate.	533.	*(A la estatua.)* Oh estatua gentilísima aunque de mármol seas.
Ah, padron mio, mirate, che seguita a guardar.		*(A Don Juán.)* Ah, mi amo, fijaos como sigue mirando.
DON JUAN Morí!	534.	¡Muere!
LEPORELLO No, no attendete.	535.	No, no, esperad.
Signor, il padron mio badate ben, non io... vorria con voi cenar.		*(A la estatua.)* Señor, el amo mío oídlo bien, no yo... querría cenar con vos.
Ah, ah, ah, che scena è questa! Oh ciel, chinò la testa!		*(La estatua inclina la cabeza.)* ¡Ja, ja, ja, qué escena es esta! ¡Oh cielos, inclinó la cabeza!
DON JUAN Vá là, che sé un buffone...	536.	Anda, que eres un bufón...
LEPORELLO Guardate ancor, padrone.	537.	Mirad de nuevo, mi amo.
DON JUAN E che degg'io guardar?	538.	¿Y qué debo mirar?
LEPORELLO Colla marmorea testa ei fa così... così...	539.	Con su marmórea cabeza él hace así... así...

(Imita a la estatua.)

DON JUAN

Colla marmorea testa
ei fà così... così...

540. Con la marmórea cabeza
él hace así... así...

Parlate! Se potete. Verrete a cena?

(A la estatua.)
¡Hablad! Si podéis. ¿Vendréis a cenar?

EL COMENDADOR

Sì.

541. Si.

LEPORELLO

Mover mi posso appena... mi manca,
oh Dei! La lena!
Per carità partiamo, andiamo via di qua.

542. ¡Apenas puedo moverme... me falta,
oh Dios! ¡El aliento!
Partamos por caridad vayámonos de aquí.

DON JUAN

Bizarra è in ver la scena
verrà il buon vecchio a cena.
A prepararla andiamo, partiamo via di qua.

543. Extraña es en verdad la escena
vendrá a la cena el buen viejo.
Vayamos a prepararla, salgamos de aquí.

Parten.

ESCENA DECIMOTERCERA. *Habitación en casa de Doña Ana.*
Doña Ana y Don Octavio.

DON OCTAVIO

Calmatevi idol mio. Di quel ribaldo vedrem,
puniti in breve i gravi eccesi.
Vendicati sarem.

544. Cálmate ídolo mío. En breve veremos,
castigados los graves excesos de ese rufián.
Seremos vengados.

DOÑA ANA

Ma il padre, oh Dio!

545. ¡Pero mi padre, oh Dios!

DON OCTAVIO

Convien chinare il ciglio
al volere del ciel.
Respira, o cara, di tua perdita amara
fia domani, se vuoi, dolce compenso.
Questo cor, questa mano,
che il mio tenero amor.

546. Conviene inclinar la mirada
ante los designios del cielo.
Reposa, oh querida, de tu amarga pérdida,
dulce consuelo sea mañana.
Si tú quieres, éste corazón,
ésta mano, que mi tierno amor.

DOÑA ANA

Oh Dei, che dite in sì tristi momenti.

547. Oh Dios, qué decís en tan tristes momentos.

DON OCTAVIO

E che! Vorresti, con indugi novelli
accrescer le mie pene? Crudele!

548. ¡Y qué! ¿Queréis con nuevas dilaciones
acrecentar mis penas? ¡Cruel!

DOÑA ANA

Crudele? Ah, no mio bene
troppo mi spiace
allontanarti un ben che lungamente
la nostr'alma desia. Ma il mondo o Dio...
non sedur la mia costanza
del sensibil mio core!
Abbastanza per te mi parla amore.

549. ¿Cruel? Ah, no bien mío
demasiado lamento
alejarte de un bien que tanto
desea nuestra alma. ¡Pero el mundo...
no seduzca la constancia
de mi sensible corazón! Que ya
bastante me habla amor en favor tuyo.

Non mi dir, bell'idol mio, che son
io crudel con te. Tu ben sai quant'io t'amai
tu conosci lamia fé.

No me digas bello ídolo mío, que yo soy
cruel contigo tu bien sabes cuánto te amo.
Tú conoces mi fidelidad.

Calma, calma, il tuo tormento
se di duol non vuoi ch'io mora. Forse un
giorno il cielo ancora sentirà pietà di me.

Calma, calma, tu tormento
si de dolor no quieres que yo muera.
Tal vez el cielo un día sienta piedad de mí.

ESCENA DECIMOCUARTA. *Don Octavio solo.*

DON OCTAVIO

Ah, sì segua il suo passo;
io vo'con lei dividere i martiri.
Saran meco men gravi i suoi sospiri.

550. Hay que seguirla, yo quiero compartir;
con ella los martirios.
Conmigo serán menos graves sus suspiros.

Parte.

ESCENA DECIMOQUINTA. *Sala Iluminada en casa de Don Juán.*
La mesa puesta para la cena. Don Juán, Leporello y unos músicos.

DON JUAN

Già la mensa è preparata.

551. Ya la mesa está preparada.

(A los músicos.)

Voi sonate, amici cari;
già che spendo i miei danari,
io mi voglio divertir.

Tocad, queridos amigos;
puesto que gasto mis dineros,
yo me quiero divertir.

(Se sienta a la mesa.)

Leporello, presto, in tavola!

¡Leporello, a la mesa, rápido!

LEPORELLO
Son prontissimo a servir.

552. Estoy más que dispuesto a servir.

Los criados sirven la mesa, los músicos empiezan a tocar y Don Juán come.

Bravi! Cosa rara!

¡Muy bien! ¡Cosa rara!

DON JUAN
Che ti par del bel concerto?

553. ¿Qué te parece el concierto?

LEPORELLO
È conforme al vostro merto.

554. A la medida de vuestros méritos.

DON JUAN
Ah, che piatto saporito!

555. ¡Ah, qué plato tan sabroso!

LEPORELLO
Ah, che barbaro apetito!
Che bocconi da gigante!
Mi par proprio di svenir.

556. ¡Ah, qué bárbaro apetito!
¡Qué bocados de gigante!
Creo que voy a desmayarme.

DON JUAN
Nel vedere i miei bocconi
gli par proprio di svenir.

557. A la vista de mis bocados
cree desmayarse.

Piatto!

(A Leporello.)
¡Plato!

LEPORELLO
Servo! Evvivano i'Litiganti!

558. ¡Al punto! ¡Vivan, los combatientes!

DON JUAN
Versa il vino.

559. Sirve el vino.

Eccelente "marzimino"!

(Leporello sirve el vino.)
¡Excelente "marimono"!

Le cambia el plato a Don Juán y come apresuradamente las sobras.

LEPORELLO
Questo pezzo di raggiano
piano, piano vo'inghiottir

560. Este trozo de me engulliré
poco a poco.

DON JUAN
Sta mangiando, quel marrano,
fingerò di non capir.

561. Ese cerdo está comiendo,
fingiré no darme cuenta.

LEPORELLO Questa poi la conosco pur troppo!	562.	¡Esta la conozco de sobra!

Se oye el "Non piu andrai" de las Bodas de Figaro.

DON JUAN Leporello!	563.	¡Leporello!
LEPORELLO Padron mio. Mi amo.	564.	*(Responde con la boca llena.)* Susurrus. Mi amo.
DON JUAN Parla schietto, mascalzone!	565.	¡Habla claro, puerco!
LEPORELLO Non mi lascia una flussione, la parole proferir.	566.	*(Siempre comiendo.)* Una inflamación me impide, proferir palabra.
DON JUAN Mentre io mangio, fischia un poco.	567.	Mientras como, silba un poco.
LEPORELLO Non so far.	568.	No sé hacerlo.
DON JUAN Cos'è? Qué sucede?	569.	*(Lo mira y de dá cuenta de que está comiendo.)* ¿Qué sucede?
LEPORELLO Scusate. Sì eccelente è i vostro cuoco, che lo volli anch'io provar.	570.	Perdonad. Vuestro cocinero es tan excelente, que también quise probarlo.

ESCENA DECIMOSEXTA. *Don Juán, Leporello, músicos y Doña Elvira.*

DOÑA ELVIRA L'ultima prova dell'amor mio ancor vogl'io fare con te. Più non rammento gl'inganni tuopi; pietade io sento.	571.	La última prueba del amor mío aun quiero darte. Ya me he olvidado de tus engaños; siento piedad.
DON JUAN Y LEPORELLO Cos'è? Cos'è?	572.	¿Qué sucede? ¿Qué sucede?

Don Juán se pone de pie y recibe a Doña Elvira riendo.

DOÑA ELVIRA		*(Se arrodilla.)*
Da te non chiede, quest'alma oppressa, della tua fede qualche mercé.	573.	De ti no quiere ésta alma oprimida, más que tu fidelidad.
DON JUAN		
Mi maraviglio! Cosa volete? Se non sorgete, non resto in piè.	574.	¡Me maravillo! ¿Qué queréis? Si no os alzáis yo no permanezco en pie.

Se arrodilla frente a Doña Elvira con afectación.
Tras un instante, ambos se levantan.

DOÑA ELVIRA		
Ah, non deridere gli affanni miei!	575.	¡Ah, no os burléis de mis angustias!
LEPORELLO		
Quasi da piangere mi fa costei.	576.	¡Ah, no os burléis de mis angustias!
DON JUAN		
Io te deridere? Cielo! Perché? Che vuoi, mio bene?	577.	¿Burlarme yo de ti? ¡Cielos! ¿Por qué? ¿Qué deseas, mi bien?
DOÑA ELVIRA		
Che vita cangi.	578.	Que cambies de vida.
DON JUAN		
Brava!	579.	¡Magnífica!
DOÑA ELVIRA		
Cor perfido!	580.	¡Corazón pérfido!
DON JUAN		
Lascia ch'io mangi. E se ti piace, mangia con me.	581.	Deja que coma. Y si gustas, come conmigo.

Vuelve a sentarse a comer.

DOÑA ELVIRA		
Réstati barbaro, nel lezzo immondo; esempio orribile d'iniquità.	582.	Quédate bárbaro en el hedor inmundo; horrible ejemplo de iniquidad.
LEPORELLO		
Se non si muove del suo dolore di sasso ha il core, o cor non ha.	583.	Si su dolor no lo conmueve de piedra tiene el corazón, o no tiene corazón.

DON JUAN		*(Bebiendo y comiendo.)*
Vivan le femmine! Viva il buon vino! Sostegno e gloria d'umanità!	584.	¡Vivan las mujeres! ¡Viva el buen vino! ¡Sostén y gloria de la humanidad!

Sale, después vuelve a entrar lanzando un grito horrible.

DOÑA ELVIRA		
Ah!	585.	¡Ah!
		(Huye por otra pierta.)
DON JUAN Y LEPORELLO		
Che grido è questo mai!	586.	¡Qué grito ha sido ese!
DON JUAN		*(A Leporello.)*
Và a veder che cosa è stato.	587.	Ve a ver qué ha pasado.

Sale, y antes de regresar, lanza un grito mas fuerte aun.

LEPORELLO		
Ah!	588.	¡Ah!
DON JUAN		
Che grido indiavolato! Leporello, che cos'è?	589.	¡Qué grito endiablado! ¿Leporello, qué sucede?
LEPORELLO		*(Entra asustado y cierra la puerta.)*
Ah, signor, per carità! Non andate fuor di qua... l'uom... di sasso... l'uomo bianco... Ah, padrone! Io gelo... io manco... Se vedeste che figura... Se sentiste come fa...	590.	¡Ah, señor, por caridad! No salgáis de aquí... el hombre... de piedra... el hombre blanco... ¡Ah, mi amo! Me hielo... me muero Si vierais qué figura... Si escuchasteis como hace...
		(Imitando los pasos de la estatua.)
Ta, ta, ta, ta, ...		Ta, ta, ta, ta, ...
DON JUAN		
Non capisco niente affatto.	591.	No entiendo nada en absoluto.
LEPORELLO		
Ta, ta, ta, ta, ...	592.	Ta, ta, ta, ta, ...
DON JUAN		
Tu sei matto in verità.	593.	Estás loco de verdad.

Se oye llamar a la puerta.

LEPORELLO
Ah, sentite!

594. ¡Ah, escuchad!

DON JUAN
Qualcun batte; Apri!

595. ¡Alguien llama; Abre!

LEPORELLO
Io tremo...

596. Estoy temblando...

DON JUAN
Apri, dico!

597. ¡Abre, te digo!

LEPORELLO
Ah!

598. ¡Ah!

DON JUAN
Apri!

599. ¡Abre!

LEPORELLO
Ah!

600. ¡Ah!

DON JUAN
Matto! Per togliermi d'intrico ad aprir
io stesso andrò.

601. ¡Loco! Para salir de éste enredo
yo mismo iré a abrir.

(Coge la lámpara y ba a abrir.)

LEPORELLO
Non vo'più veder l'amigo;
pian, pianin m'asconderò.

602. No quiero ver más al amigo;
me esconderé, poco a poco.

Se escondoe debajo de la mesa.

ESCENA DECIMOSEPTIMA. *Don Juán, Leporello y la estatua de Comendador. Don Juán regresa seguido del Comendador.*

EL COMENDADOR
Don Giovanni, a cenar teco m'invitasti,
e son venuto.

603. Don Juán, a cenar contigo me invitaste
y he venido.

DON JUAN
Non l'avrei giammai creduto,
ma farò quel che potrò.

604. Jamás lo hubiera creído,
pero haré lo que pueda.

Leporello, un'altra cena fà che subito
sì porti!

(A Leporello.)
¡Leporello, haz que otra cena sea servida
de inmediato!

LEPORELLO
Ah, padron, siam tutti morti!

(Con la cabeza medio fuera de la mesa.)
605. ¡Ah, mi amo, moriremos todos!

DON JUAN
Vanne dico...

606. Venga digo...

Leporello muerto de miedo se dispone a marcharse.

EL COMENDADOR
Ferma un pó!
Non sì pasce di cibo mortale
chi sì pasce di cibo celeste.
Altre cure più gravi di queste,
altra brama quaggiu mi guidò!

607. ¡Espera un momento!
No se alimenta de comida mortal
quién se alimenta de comida celestial.
¡Otras preocupaciones más graves que estas,
otro anhélame guio hasta aquí abajo!

LEPORELLO
La terzana d'avere mi sembra
e le membra fermar più non so.

608. Me parece tener terciana
y no puedo detener ya los miembros.

DON JUAN
Parla, dunque, che chiedi? Che vuoi?

609. ¿Habla, pues, qué deseas? ¿Qué quieres?

EL COMENDADOR
Parlo, ascolta, più tempo non ho.

610. Hablo, escucha, no tengo más tiempo.

DON JUAN
Parla, parla, ascoltando ti sto.

611. Habla, habla, estoy escuchándote.

EL COMENDADOR
Tu m'invitasti a cena;
il tuo dover or sai. Rispondimi;
verrai tui a cenar meco?

612. Tú me invitaste a una cena;
ya conoces tu débito. ¿Respóndeme;
vendrás a cenar conmigo?

LEPORELLO
Oibò! Tempo non ha... scusate.

613. ¡Ni hablar! No tiene tiempo... perdonad.

DON JUAN
A torto di viltate tacciato mai sarò!

614. ¡Nunca seré tachado injustamente de vil!

EL COMENDADOR
Risolvi!

615. ¡Decídete!

DON JUAN Ho già risolto!	616.	¡Ya me he decidido!
EL COMENDADOR Verrai?	617.	¿Vendrás?
LEPORELLO Dite di no.	618.	Decid que no.
DON JUAN Ho fermo il core in petto, non ho timor; verrò!	619.	¡Tengo el corazón quieto en el pecho, no tengo temor; iré!
EL COMENDADOR Dammi la mano in pegno!	620.	¡Dame la mano como prueba!
DON JUAN Eccola!	621.	¡Hela aquí! *(Grita con fuerza.)*
EL COMENDADOR Cos'hai?	622.	¿Qué te ocurre?
DON JUAN Che gelo è questo mai!	623.	¡Qué hielo!
EL COMENDADOR Pentiti, cangia vita; è l'ultimo momento!	624.	¡Arrepiéntete, cambia de vida; es el último momento! *(Quiere liberarse pero en vano.)*
DON JUAN No, non ch'io non mi pento, vanne lontan da me!	625.	¡No, no me arrepiento, aléjate de mí!
EL COMENDADOR Pentiti, scellerato!	626.	¡Arrepiéntete, malvado!
DON JUAN No, vecchio infatuato!	627.	¡No, viejo engreído!
EL COMENDADOR Pentiti!	628.	¡Arrepiéntete!
DON JUAN No!	629.	¡No!

EL COMENDADOR Y LEPORELLO
Sì.

630. Si.

DON JUAN
No.

631. No.

EL COMENDADOR
Ah, tempo più non v'è!

632. ¡Ah, no hay más tiempo!

Fuego de diversas partes, truenos...
El Comendador desaparace.

DON JUAN
Da qual tremore insolito...
Sento... assalir... gli spiriti...
Donde escono quei vortici di fuoco
pien d'orror!

633. De qué estruendo insólito... oigo...
Como atacan... los espíritus...
¡De donde salen esos torbellinos de fuego
lleno de horror!

CORO
Tutto a tue colpe è poco.
Vieni, c'è un mal peggior!

634. Todo es poco para tus culpas.
¡Ven, hay un mal peor!

DON JUAN
Chi l'anima me lacera!
chi m'agita le viscere! ...
Che strazio! Ohimè! Che smania!
Che inferno! Che Terror!

635. ¡Quién me lacera el alma!
¡Quién me sacude las vísceras!
¡Qué desgarro, qué frenesí!
¡Que infierno, qué terror!

LEPORELLO
Che ceffo disparato!
Che gesti da dannatro! Che gridi!
Che lammenti! Come mi fa terror!

636. ¡Qué rostro desesperado!
¡Qué gestos de condenado! ¡Qué gritos!
¡Qué lamentos! ¡Qué terror me produce!

CORO
Tutto a tue colpe é poco.
Vieni, c'é un mal peggior!

637. Todo es poco para tus culpas.
¡Ven, hay un mal peor!

(El fuego aumenta. Don Juán se hunde.)

DON JUAN
Ah!

638. ¡Ah!

LEPORELLO
Ah!

639. ¡Ah!

ESCENA DECIMOCTAVA. *Leporello, Doña Elvira, Doña Ana, Don Octavio, Zerlina y Masetto.*

(Entrando con Doña Ana y ministros de justicia.)

DOÑA ELVIRA, ZERLINA, DON OCTAVIO Y MASETTO 640.

Ah, dov'è il perfido
dov'è l'indegno?
Tutto il mio sdegno sfogar io vó!

¿Ah, en dónde está el pérfido
dónde está el indigno?
¡Voy a descargar toda mi furia!

DOÑA ANA

Solo mirandolo stretto in catene
alle mie pene calma darò.

641. Solo mirándolo encadenado
mis penas calmaré.

LEPORELLO

Piu non sperate di ritrovarlo.
Piu non cercate, lontano andò.

642. No esperéis mas ya encontrarlo.
No busquéis más se marchó lejos.

DOÑA ANA, DOÑA ELVIRA, ZERLINA DON OCTAVIO Y MASETTO 643.

Cos'è? Favella! Qué sucede? Habla!

¿Qué sucede? ¡Habla!

LEPORELLO

Venne un colosso...

644. Vino un coloso...

DOÑA ANA, DOÑA ELVIRA, ZERLINA DON OCTAVIO Y MASETTO 645.

Via presto, sbrigati!

¡Vamos, de prisa, termina!

LEPORELLO

Ma, se non posso...

646. Pero, si no puedo...

DOÑA ANA, DOÑA ELVIRA, ZERLINA, DON OCTAVIO Y MASETTO 647.

Presto favella! Pronto, habla!

¡Pronto, habla!

LEPORELLO

Tra fumo e fuoco...
badate un poco
l'uomo di sasso
fermate il passo.
Giusto là sotto
diede il il gran botto,
giusto là il diavolo
se'l trangugiò.

648. Entre humo y fuego...
esperad un momento
el hombre de piedra
le cerró el paso.
Justamente ahí abajo
dio el gran golpe,
justamente ahí el diablo
se lo tragó.

DOÑA ANA, DOÑA ELVIRA, ZERLINA, DON OCTAVIO Y MASETTO Stelle, che sento!	649.	¡Cielos, qué impresión!
LEPORELLO Vero è l'evento.	650.	El caso es verdadero.
DOÑA ELVIRA Ah, certo è l'ombra che m'incontrò.	651.	Ah, con seguridad es el espectro que me encontré.
DOÑA ANA, ZERLINA, DON OCTAVIO Y MASETTO Ah, certo é l'ombra che l'incontrò.	652.	Ah, con seguridad es el espectro que se encontró.
DON OCTAVIO Or che tutti, o mio tesoro vendicati siam dal cielo, porgi, porgi a me un ristoro, non mi far languire ancor.	653.	*(A Doña Ana.)* Ahora que todos, tesoro mío hemos sido vengados por el cielo consuélame, consuélame no me hagas penar más.
DOÑA ANA Lascia, o caro, un anno ancora allo sfogo del mio cor. Al desio di chi ti adora ceder deve un fido amor.	654.	Deja, querido, que mi corazón se desahogue en un año. Al deseo de quien te adora un fiel amor debe ceder.
DOÑA ELVIRA Io men vado in un ritiro! A finir la vita mia.	655.	¡Yo me marcho a un retiro! Para acabar mi vida.
ZERLINA Y MASETTO Noi, Masetto, Zerlina a casa andiamo a cenar in compagnia.	656.	Nosotros Masetto y Zerlina a casa vamos a cenar juntos.
LEPORELLO Ed io vado all'osteria a trovar padron miglior.	657.	Y yo voy a la hostería a encontrar un mejor amo.
ZERLINA, MASETTO Y LEPORELLO Resti dunque quel birbon con Proserpina y Pluton. E noi tutti, o buona gente, ripetiam allegremente l'antichissima canzon.	658.	Que se quede pues ese bribón con Proserpina y Plutón. Y todos nosotros oh buena gente repitamos alegremente la antiquísima canción.

659.

DOÑA ANA, DOÑA ELVIRA, ZERLINA Y DON OCTAVIO, MASETTO Y LEPORELLO

Questo è il fin di chi fa mal.
E dé perfidi la morte
alla vita è sempre ugual!

Este es el fin del que obra mal.
¡Y de los malos la muerte
a su vida es siempre igual!

FIN

ဢ

Biografía de Wolfgang Amadeus Mozart

WOLFGANG AMADEUS MOZART cuyo nombre completo era Crysostomus Wolfgangus Theophilus Mozart nació en Salzburgo, Viena el 27 de enero de 1756 y falleció el 5 de diciembre de 1791 en Viena. Fue el último hijo de Leopóld Mozart, músico y compositor de poca relevancia; su madre se llamaba Anna Maria Pertl, cinco de sus hermanos fallecieron en la infancia y solo sobrevivió su hermana Nannerl. La obra Mozartiana abarca todos los géneros musicales de su época, compuso 626 obras, en su mayoría consideradas como obras maestras. A los cuatro años de edad dominaba los instrumentos de teclado y el violín y ya compañía obras musicales muy apreciadas por la realeza y por la clase aristocrática.

A los diecisiete años fue contratado por la corte de Salzburgo de donde fue despedido en 1781 ante lo cual se estableció en Viena en donde alcanzó gran fama que mantuvo el resto du vida.

En enero de 1762, los niños Mozart se presentaron como prodigios musicales ante las cortes de Múnich, Viena, y Praga en donde fueron grandemente elogiados, pero no recibieron la compensación económica esperada. En junio de 1763, iniciaron una serie de conciertos que duró tres años se presentaron en las cortes de Múnich, Manheim, Paris, Londres, La Haya, y Zúrich.

En su viaje a Roma en 1770, el Papa Clemente XIV lo nombró Caballero de la Espuela de Oro como reconocimiento al talento musical del joven Mozart que tenía entonces 14 años.

En 1773, Mozart y su padre regresaron a la corte se Salzburgo en donde el joven quedó a las órdenes del arzobispo Hieronimus von Colloredo con quien el joven compositor tuvo series discusiones y además se le había asignado en raquítico salario de 150 florines al año.

Ante esto, Mozart renunció a su puesto de Maestro de Conciertos y se desplazó a Manheim en donde conoció y se enamoró de Alysia Weber. Al no encontrar trabajo en ésta ciudad, regresó a Paris acompañado por su madre que enfermó gravemente y falleció. En esta ciudad, Mozart tampoco, encontró ofertas de trabajo que le satisficieran ante lo Constanze Weber, hermana menor de Aloysia con quien se casó el 4 de agosto de 1782 sin el consentimiento de su padre. El matrimonio tuvo Seis hijos de los cuales solo dos sobrevivieron: Franz Xaver y Karl Wolfgang.

El último año de vida de Mozart fue el de 1791 durante el cual tuvo una gran productividad, compuso su último opera: *La Flauta Mágica,* dos conciertos, un quinteto de cuerdas el Réquiem que quedó inconcluso y La Pequeña Cantata Masónica.

La salud de Mozart se deterioró rápidamente. El 5 de diciembre de 1791, a los doce de la noche, falleció a la edad de 35 años, diez meses y ocho días. El funeral tuvo lugar en la Catedral de San Esteban. El entierro de Mozart fue de tercera categoría con un costo de ocho florines. El féretro se trasladó al cementerio de St. Marx en Viena en el que recibió sepultura en una tumba comunitaria. Al entierro asistieron: Antonio Salieri, Süssmayr, Gottfried Van Swieten, y dos músicos.

Óperas de Mozart

Apollo et Hyacinthus
Ascanio in Alba
Bastien und Bastienne
Betulia Liberata
Cosi Fan Tutte
Der Schauspieldirektor
Die Entführung aus dem Serail
Die Schuldigkeit des ersten Gebots
Die Zauberflöte
Don Giovanni
Idomeneo
Il re Pastore
Il Sogno di Scipione
La Clemenza di Tito
La Finta Giardiniera
La Finta Semplice
Le Nozze di Figaro
Lo Sposo Deluso
L'oca del Cairo
Lucio Silla
Mitridate
Thamos
Zaide

&

Acerca de Estas Traducciones

El Dr. Eduardo Enrique Prado Alcalá nació en 1937 en el norte de México, estudió la carrera de medicina y se especializó en cáncer ginecológico y cáncer de mama.

Ejerció su carrera durante 40 años y finalmente llegó a la edad del retiro.

Desde la edad de 42 años, se hizo aficionado a la ópera y a la música clásica y formó parte de un grupo de amigos aficionados a estas disciplinas. Tuvo la oportunidad de asistir a funciones operísticas en la Ciudad de México, en Guadalajara México, en Toluca México, en Mazatlán México, en Seattle, en Madrid y en Londres. Organizó en la Ciudad de Mazatlán tres conciertos de música clásica, uno de ellos en la catedral.

Jugum Press y Ópera en Español

Prensa publica estas traducciones de ópera por Dr. E.Enrique Prado:

Vincenzo Bellini:
Norma

Georges Bizet:
Carmen

Gaetano Donizetti:
Anna Bolena, Don Pasquale, Lucia di Lammermoor, Lucrezia Borgia

Ruggero Leoncavallo:
I Pagliacci

Pietro Mascagni:
Cavalleria Rusticana

Wolfgang Amadeus Mozart:
Die Zauberflöte, Don Giovanni, Le Nozze di Figaro

Giacomo Puccini:
La Boheme, La Fanciulla del West, Madama Butterfly, Manon Lescaut, Tosca
El Tríptico: *Gianni Schicchi, Suor Angelica, Il Tabarro*

Giacchino Rossini:
Il Barbiere Di Siviglia, La Cenerentola

Giuseppe Verdi:
Aida, Un Ballo in Maschera, Don Carlo, Ernani, Falstaff, La Forza del Destino, I Lombardi, Macbeth, Nabucco, Otello, Rigoletto, Simon Boccanegra, La Traviata, Il Trovatore

Para información y disponibilidad, por favor vea
www.operaenespanol.com
Correo: JugumPress@outlook.com
Síganos en Twitter: @jugumpress
Regístrate para nuestras noticias: http://eepurl.com/5m7tj

www.ingramcontent.com/pod-product-compliance
Lightning Source LLC
Chambersburg PA
CBHW081258040426
42452CB00014B/2561
* 9 7 8 1 9 3 9 4 2 3 6 5 8 *